普通高等院校创新创业人才培养系列教材

创业复盘

华科系校友逆风险创业口述案例

主　编　方　伟
副主编　戴　鑫　陈　婷　毛江华
主　审　黄　刚　李　嵩
编写成员　毛家兵　刘雯雯　李晓彦　滕宏达
张　赫　骆锦岩　王飞凡　严晨峰
调研支持　孙倩倩　李　敏　江　波　王　芳
偲　雅　黄　静

华中科技大学出版社
中国·武汉

内容简介

本书作者团队通过两年多的调研访谈，收集了13家创业企业的创始人的创业口述，这些企业分布在移动互联网与大数据、车联网与智能驾驶、互联网视频、互联网＋移动支付、人工智能＋金融、互联网＋房产交易、互联网＋粉丝服务、社会化电商、生态农业、创新创业服务等领域，一定程度上代表了最近几年创新创业的前沿领域。企业创始人都是从华中科技大学走出去的创业者，在国内外各自领域具有一定影响力。每位口述者都比较详细地回顾了自己的创业历程、创业环境、创业团队，以及对创业的反思，对创业进行了较全面的复盘。

本书旨在搭建读者与创新创业者书面沟通的平台，帮助读者深入了解创业实践背后的思考与逻辑。本书适合高校 MBA、EMBA、管理专业高年级本科生、非管理专业但有志于或正在从事创新创业的实践者阅读参考。

图书在版编目(CIP)数据

创业复盘:华科系校友逆风险创业口述案例/方伟主编. —武汉:华中科技大学出版社，2019.11
普通高等院校创新创业人才培养系列教材
ISBN 978-7-5680-5872-8

Ⅰ. ①创… Ⅱ. ①方… Ⅲ. ①创业-高等学校-教材 Ⅳ. ①F241.4

中国版本图书馆 CIP 数据核字(2019)第 265413 号

创业复盘:华科系校友逆风险创业口述案例 方 伟 主编
Chuangye Fupan: Huakexi Xiaoyou Nifengxian Chuangye Koushu Anli

策划编辑：张少奇
责任编辑：罗 雪
封面设计：刘 卉
责任监印：周治超
出版发行：华中科技大学出版社(中国·武汉) 电话：(027)81321913
武汉市东湖新技术开发区华工科技园 邮编：430223
录 排：华中科技大学惠友文印中心
印 刷：湖北新华印务有限公司
开 本：710 mm×1000 mm 1/16
印 张：14
字 数：243 千字
版 次：2019 年 11 月第 1 版第 1 次印刷
定 价：54.80 元

序

一个创业者的校园复盘①

关于我个人的创业经历，网上已经有很多新闻报道。2004 年我读研究生一年级的时候，与同学一起在华中科技大学韵苑 26 栋学生宿舍，开发出 PPLive1.0，然后休学创业。2004 年，我们团队入驻华工孵化器；2005 年 5 月，我们注册成立上海聚力传媒技术有限公司，直到 2014 年 9 月公司被苏宁云商和弘毅投资联合接手，我们结束第一阶段创业。10 年间我们经历了从技术型公司、平台型公司到新媒体公司的转型。2014 年年底到 2015 年年底是我的 Gap Year（休整时间）。这一年的时间我去了以色列、中国香港、美国硅谷等地，和很多不同类型的人做过交流。这些人有从事教育、创业或投资的，他们从不同角度为我带来思想碰撞。经过深度思考，我系统地总结了过去 10 年的经历，也对未来的 10 年提出新的目标。以下我应母校邀请，从一个创业 10 年的过来人角度，谈谈对创新创业和高校培养的一些看法。

一、创新与创业不是并列关系，要重视创新之魂

1. 创新与创业不是并列关系，而是从属关系，创业从属于创新

原因有二。第一，我们每个人都可以在（就业的）岗位上实现不同程度的创新，不一定非要通过创业才能创新；第二，创业是九死一生的事情，创业者为了生存都自顾不暇，还顾得上多少创新？所以，高校的创新创业教育导向不要走偏了。如果学校过分强调培养创业人才，那就会变成职业技术学院，创新创业教育也就失去了灵魂。

---

① 华中科技大学校友、PPTV 创始人姚欣应母校邀请，于 2017 年 4 月 25 日做客“校友问教”沙龙，阐述了自己对创新创业和校园培养的一些思考。经本人同意，现摘录其演讲的部分内容（有删改）作为本书序言。

2. 创新，是一种能用归纳法，更能用演绎法思考问题的思维

我们现在很多创新都只能叫作微创新，或者添砖加瓦的创新。原因是什么？我们做归纳总结，是在原有的基础上做一点点的演绎，做一点点的修改，或者说在别人没研究的或者别人不愿意深入研究的领域得出一点基本的结论而已，但是奠基性的基础性的理论创新其实离我们很远。这种基础性创新就需要更多地采用演绎法。对比西方，我们中国人普遍缺乏演绎法思考。演绎法思考是纯逻辑的思考。这些思考可以同样运用在我们的商业创新中。十几年前新浪、搜狐、百度的主要商业模式都能找到一个美国的对标对象。它们的创始人几乎都是在美国工作过或学习过的留学生，这些创始人回中国创业时把美国模式进行了修改。但 2006 年到 2007 年中国经济快速发展，互联网程度越来越高，我发现很难用美国模式去对标。比如说像我们当时，我们的 PPlive 是 2004 年在宿舍里面诞生的，当时没有国外对标的对象。如果从美国硬要找一个对标对象，就是 YouTube，不过 YouTube 在 2005 年才创办，比我们要迟，2006 年就被谷歌收购，那时已不是创业公司了。其他美国同行也是在我们之后三四年才进行创业的。所以，我们创立初期，就没有办法在已有模仿对象的基础上进行归纳、学习和提高，只能靠演绎。我们公司从一家技术型公司，成为一家平台型公司，最后变成一家新媒体公司，三个领域看似完全不相干。我自己也是从最开始的一个技术人，写技术代码，到后来成为一个产品经理，再到后来成为一个媒体人，天天拍片子，做投资，包括广告营销，这些知识我其实都没学过，百分之九十以上都没接触过，但是我们在商业的竞争压力下尝试地做一些推论（演绎法），最后一步步走了出来。当然尝试里面肯定有失败，有试错。所以创业是一个没有标准答案的问题，会逼着创业者用一些方式来推演。一些国外著名企业在招聘时，会问如何把大象放进冰箱里这种问题，这看似是一个笑话，其实是要考查你怎么思考，而不是要你给出一个明确是非的答案。我们自己公司 HR 也会出类似题目。面试的时候会发现有两类应聘对象。一类明显是“面霸”，他已经充分准备，答案都总结出来了。但我们往往不会选这种人。因为这种人在回答问题时其实是没有做推理和选择的。另一类人在回答时，我们会发现他其实不知道答案，但能够现场应用推理能力来得到一个答案，反映出他有一套自己融会贯通的理论，这样的对象我们反而会接受。

3. 创新，是对未知世界本源的基础性思考，是化繁为简、透过现象看本质的“第一性原理（First Principle）”思维

第一性原理是什么？这个世界拆解到最后是生物多样性，中子、电子，往下就是夸克，所以最基础的问题，是能不能把它的原则抽离出来，把最本质、最小的东西抽离出来。这种精准的思考能力能让一个人有跨越式的创新。特斯

拉的创始人 Elon Musk 在电动车关键的电池开发方面所开创的新路径，就是遵循了"第一性原理"。当年做电动汽车最大的挑战是它的续航里程。这里面有两个制约因素，第一是电池的能量，第二是电池的造价成本。其实就是电池能量跟成本如何平衡的问题，即如何用二三十万元的价格实现跑到两三百公里的跟普通汽车一样的水平。这是一个行业门槛，但那时大部分人都认为这个电池是不可能造出来的。于是，特斯拉做了两件重要事情。第一，借助其他产业的产品。他选择今天在笔记本电脑里面都会有的，一个长条状的电池，而不是独特的专业电池。事实上笔记本电脑的大号电池也就是几伏、几千毫安的电池。这意味着一个电动车底盘上要铺上数千近万个电池，所以要用 IP 的技术去管理这些电池，类似于我们今天说的克拉苏用的取证网络。这其实是一个跨界思考，用 IP 的能力去解决物理现象。第二，解决电池原材料的来源问题。电池和核心装备本质上还是一系列原材料的化学反应。虽然大宗商品交易所里面这些原材料价格变化不大，但受限于加工工艺、专利垄断等，无法实现大规模产能。所以这个问题中，原材料本身是完全没有问题的。于是，他跟松下合资，做了一个千兆厂。这个厂生产专用电池的产能是现在世上所有笔记本电脑电池产能之和，你想这个厂得有多厉害。一般一个笔记本电脑用三四块电池就够了，而一台车上要几千上万块电池，并且有几百万辆车，所以产能迅速提升了上百倍，单位成本就降低了。然后，他推动厂商合作，采取各种方式去降低专利成本，以至于所有专利成本几乎为零。特斯拉去年宣布准备发布一款售价为四万美元的通用车。他只用这个电池，开始量产之后，会生产普通级别的车，续行里程同样可以达到四百公里，价格更接近汽油车的，持平市场平衡价格。特斯拉的这种解决问题的思维，就是化繁为简、透过现象看本质的第一性原理思维。这种思维才是创新的基础。

二、创业者不是大学课堂培养出来的，而是受环境影响和自我进化出来的

1. 大学不是为了创业而做的大学，创业者不是通过上课就可以培养出来的

美国著名创业学者 Timmons 在他的《创业学》教材中指出，创业成功不是课堂上能够教授出来的。我认为，上这类课的学员有两类，一类是想创业的人，一类是对创业好奇的人。第一类真正想创业的人，学习范围肯定不能局限于一个大学的创业课，因为他最终的企业不是只在一个学校内竞争，至少是跟全国范围内的企业竞争；他不仅仅是跟在校生竞争，还要跟所有职场老精英们竞争。对于第二类人，这门课其实是创业科普课，给他埋下一颗种子就行。创业不一定是每个人都要做的事情，但是上一门创业课，或者在创业公司里实习一段时间，对每一个学生未来走向社会是非常有帮助的一件事。

2. 大学里四类环境因素对创业者影响较大

第一,世界观和人生观的启发。大学培养过程中要影响到学生什么?我觉得是能够尽早地帮助他树立正确的世界观、人生观,使他寻找到人生的定位,尝试着帮助他形成独立的人格。我在大一上过一门素质修养课,那门课让我们写人生规划。当时一年级嘛,大家都比较乖,有的人当然随便写写就行了,拿到了学分,反正又没有考试,其实我当时写这个还是真的花了点时间。为了写这个人生规划,我跑到图书馆泡着,主要就看人物传记,读了包括王安、李嘉诚等我崇拜的这些人的传记,然后开始写自己的人生规划。我当时想,毕业之后8年时间里选择做三份工作,第一份工作,加入一家大公司,迅速从学生变成一个职场人,就是职业化;第二份工作,就是加入一家成长中的公司,公司不一定特别大,我跟着公司一起成长,然后能够看到公司成长中的一些问题,积累很多的经验,甚至包括实现初步的财富积累;第三份工作,在正式创业之前先跟别人创业一次,然后两三年后让公司上一个台阶,之后再开始自己的创业。后来的道路没有按照规划来,因为SARS事件,工作没找到,反而去读研究生了,最后只读了一年的时间就去创业了。我记得当时学校的政策是可以休学两年创业,结果一下子就把两年休满(忙着创业),直接被退学了。然后我后路也没了,就只好一口气做下去,一做就做了10年。虽然我大学的人生规划并没有真正进行下去,但是它让我在大学期间有了方向和目标,这个方向和目标会引导着我做一些事情。例如,有了我在大学假期的实习和一系列能力的提升,才有我后来的创业行动,我在后来创业过程中才能够克服一系列困难和挑战。

第二,鼓励自主学习的氛围。我以前在大学期间,既不是“学霸”,因为没有保送到研究生,也不是“学渣”,因为大学期间没有一门课不及格,还是班上为数不多考上研究生的,但并没有主动去其他学院或老师的课堂上蹭课。创业10年以后,我自己却跑到了斯坦福大学蹭了半年多课,这是主动的学习。我在斯坦福感受到了另外一种校园氛围,一个没有围墙的校园氛围,因为任何一个像我一样没有学籍和身份的人都可以去蹭课。一开始的时候还有点害羞,有点胆小,请在那儿读书的华人学生带我进去,后来就自己直接敲门进去了。这半年多在斯坦福的学习给我的帮助和影响非常大。一方面让我确定了未来10年事业上的发展方向,另一方面让我重新思考了科技创新、颠覆式创新。其实蹭课这件事,我绝对不是第一个做的。如果大家读了《乔布斯传》的话,就会知道乔布斯一开始是在里德学院读书的,读了一年就辍学了,但后来反而再去蹭里德学院的课。他以前学的是家长给他选的一些经济学课程,但他后来去里德学院上英文的手写书法课。乔布斯2009年在斯坦福大学的学生毕业典礼上做了一个很著名的演讲，讲了人生的三件事情，其中一件就是这个蹭课之旅。他说如果没有当年自己对书法的学习，就没有今天苹果电脑如此优美的字体，甚至他还开了个玩笑说，也没有微软电脑的字体，因为微软是抄袭他的。这种允许学生开放学习的氛围对学生后来的创业影响是潜移默化的。

第三，科技竞赛等创业素质训练类的社会活动。我在大二的时候当过班长，是全班唯一候选人，也是唯一全票通过的班长。为什么威信这么高？大概是因为我大一帮大家装了很多台电脑，周围几个班上百台电脑都是我给装的，我是个“活雷锋”。当班长之后第一件事情是带领我们班参选优良学风班。10个班一起在学院内评选，所有同学都坐在下面观看。那是我人生第一次登台演讲，代表我们班去登台演讲。我当时不像现在这么沉着镇定，紧张得不知道是怎么走下讲台的。最后我们班终于拿到了优良学风班奖项。我这才发现班长永远是最难当的官，因为班长要去配合辅导员的任务要求，还要调动大家学习和活动的积极性，这极大地锻炼了我的组织能力，对后来领导创业团队有直接帮助。大三时正好我们计算机学院有个IT俱乐部，也就是1996、1997级师兄启动的俱乐部，每年都在传承。然后从1998级师兄传到我这一级。我当时就相当于是这个俱乐部的主席，带领着同学们参加一些竞赛，甚至承担过一些正式开发项目。有些项目还参加了“百度之星”“趋势之星”之类的挑战赛。这些社团和科技实践活动是我主动去做的，能强迫自己锻炼快速学习的能力。

第四，宽容的学生管理体制。我的观点是学校对学生特别是一些有正能量特质的学生要宽容管理。我大学期间因为参与项目和社会活动过多，曾经逃过一些课，但最后考试的时候，的的确确专业成绩都很不错，平均分基本在90分以上。旷课那一段时间，逼迫自己快速学习。别人一个学期的课程我能在几周内突击完成，而且成绩还是优秀。当然也可以说是为了应试考试而去突击完成。我英文名叫Bill，是在读初中的时候给自己起的，那时就知道比尔·盖茨，希望自己像比尔·盖茨做操作系统一样去改变世界，甚至创办一个属于自己的公司。结果，中途辍学这件事却最像他。再有，类似斯坦福这样的学校可以宽容地接纳我们去蹭课，也值得肯定。蹭课在斯坦福是一个普遍惯例，让很多（蹭课的）企业家在上课过程中独立思考、深度思考。台下听课或蹭课的学生若干年后就会成为新的成功创业者。我认为，当学校给学生一种浓厚的氛围，同时给他们追求自己价值的方向，最终可能会“无心插柳柳成荫”，所以一定程度上说人才不是培养出来的，而是某种氛围或者环境造就出来的。大学四年时间我不可能解决多少人生问题，但是我们也许可以种下一颗种子，这颗种子也许某天能够发芽成长。

3. 创业者自我进化来自有效的学习

第一,公司的负责人和核心创始人一定要跟企业一起成长。在我创业10年间,我身边的朋友,包括同事,他们在与我交流的过程中有一个很明显的感觉,就是每过半年我的思考模式就能又上一个层次。其实就是我在这10年时间里不断改进自己。大家知道创业有个瓶颈期,为什么呢?公司作为一个集体,它在创业发展过程中能够从三五个人发展到几百人,公司规模能够增长上百倍,公司的负责人和核心创始人,如果不能够同步成长的话,就会带领公司走到瓶颈期。这不仅仅是我,还是很多优秀的,例如科学领域、文化领域甚至政界、商界的人,都存在的相似问题。

第二,成功人士都具备了四个方面的有效学习。前两天我看到一篇针对一系列成功人士(跟我差不多同龄的年轻一代)的访谈,分析他们的企业为什么能够如此之快地成长。他们都提到了一点:学习。我把他们的有效学习归纳为四个方面。一是跳出舒适区。当你适应某个环境后,当你的工作日复一日、年复一年的进行时,你很可能已经离低效不远了。人的惰性会让你不知不觉地安逸和顺其自然起来,此时你应该敢于换个环境、换种方式来继续工作,才可能有创新和突破。第二,跨学科思考。学习要有一种跨学科、跨领域的思考,我觉得创新也是如此。只有跨学科才能触类旁通,融会贯通。第三,应用学习。"学习=核心算法×应用^2。"核心算法就是提炼一套规则和思考模式,重复地锻炼,你不光要有兴趣,还要一遍一遍地应用。第四,强制性输出。学习要有结果,要逼迫自己学习后获得提升,否则就是无效学习。

三、高校创新创业教育的三个层次与教育导向

1. 高校创新创业教育的三个层次

创新创业教育包含知识,能力和人生观、世界观三个层次的教育。我们教学过程中可以把创新创业讲成知识点,也可以把它讲成一种能力,还可以讲成一种人生观、世界观。我觉得大学不是为了创业而做的大学,如果真的要做创业课应该叫作创业科普课,或者是创业认知课。例如传授如何分析商业机会,如何编写商业计划书,如何演讲,如何打动投资人等知识。讲解商业计划书,最重要的不是教学生们写一份完善的商业计划书,而是锻炼学生的演讲和口头表达能力,帮助学生将一个相对复杂的现象层面的商业情况,描述出基础的商业逻辑,并变成有效的几句话在规定的三五分钟之内表达出来。我觉得这种能力,不仅是创业,今天的职场也很需要。很多著名的大公司对一个员工的基本培训,叫作电梯演讲模拟假设,即在一个电梯里面如何打动领导,不是说真的拿这个东西去拍马屁,而是言简意赅地提炼核心问题。像这个能力或者

以这个能力作为培养核心，我觉得是可以去科普和普及的。外企面试往往有一个环节叫角色扮演，也是这个考察目的。《真正男子汉》第二季，我记得里面有一段是航空兵选拔，就是给几个人设置一种特殊情况，比方说给出四种工具，其中有帐篷、指南针等，现在陷入到了一个雪地里面，要求大家组成一个团队自救，但是工具不幸遗失了大多数，现在只有一样，你们认为应该是哪一样？这样的角色扮演其实很好，我们创业团队在组建包括在磨合中经常会遇到。如何去组建团队？团队成员如何去交流？这讲的是关于创业团队的。一个是创业思考、创业表达、口头表达和演讲表达；另外一个就是组织能力。这些我觉得都是必要的。

2. 创新创业教育要帮助学生克服唯技术论

我接触了很多创业项目。每10个项目中至少有1个来自华科。咱们校友创业大多数都是基于技术背景，这种背景最容易导致的一个错误是什么呢？是唯技术论。就是今天我们讲的“技术牛”，叫拿着锤子找钉子，锤子已经做得超级牛，钉子却还没发现。与之对应的一个创业理论叫精益创业。最近5～10年在整个IT圈中，最早的从编程开始，到快速迭代、快速反应、快速上线，再到整个互联网时代的开发，乃至如今贯穿整个软硬件，所有的创业模式都叫精益创业。创新创业教育，要讲如何去做好产品，如何做好工程。斯坦福就把这样一门课程作为工科学生必选课，这门课程讲的事情其实不仅仅是创业，还包括如何在生活中做到精益，在任何一件事情上能不能快速迭代，快速试错。它的基础和模型是站在今天的不可知论上的。今天我们首先承认对未来的未知，但我们要考虑如何去逐渐逼近那个目标。

3. 创新创业教育要告诉学生思考问题的方式

我在读研究生期间接触最早的一个计算数学老师是黄文奇老师。黄老师当时告诉我们，课程中所实现的最佳算法能力已经可以达到全球领先，比当时的德国计算所还要快。德国计算所一个问题要算3天时间，我们只需要42小时，最后逐渐优化到14个小时。我觉得这门课程给我最大的启发不是算法，而是黄老师讲的算法背后的进化论思想。这让我逐渐意识到，原来用进化论这样一种方式来思考、调整和规划，用竞争、优胜劣汰的方式来进行筛选，最后我们得到的结果可能是最佳的。虽然我那个时候根本无法解释为什么，不能写篇论文证明什么，但是我觉得这一种跨界的思考能力，给我开启了一种人生观。甚至我们做PPTV的大的网络策略时，其实我们的算法也类似于一种微机算法实验。

4. 创新创业教育要告诉学生学会取舍和坚守

我在大学时可能和很多同学不一样，因为我有很多社会工作和项目，它们逼迫我要高效地去学习，同时也逼迫着自己要有一定的原则，有一定的坚守，要有所选择，有所放弃。当时很多同学都是随大流，或者保研，或者考研，或者找工作，少量出国。我跟很多随大流考研的同学不同。我从大三暑假8月开始备考到第二年的1月考研完成，五六个月的时间，除了查资料，我几乎没有碰过电脑。就是说我把全部的时间和精力放在了一件事情上，把它做好。这种定力很重要。实际上你想想，一旦回到宿舍，同宿舍的人有的在打游戏，有的在找工作，在这样的环境中，你能不能静下心来做一件事情？最开始我们班上有15个人准备考研，但到最后阶段只有不到10个人在坚持，而真正完全复习了的人也就三四个，结果我是唯一一个考上的。我自己之后也感到，这件事情对我有很大的帮助。如果我要做一件事情，我一定能够排除一切干扰去做好。所以大学获取的不仅仅是知识，更是这些知识背后所提炼的逻辑和方法，这对我之后的工作有很大影响。最重要的是当我明确了我的目标，围绕自己的目标，这些一开始被动后来主动的选择会逐渐清晰。

5. 创新创业教育要帮助学生早点开悟

企业现在招人非常头疼。很多员工选择单位和跳槽的时候，并不知道自己真正需要什么，只是随大流。我把他们称为没有开悟。好多30多岁的人还没有开悟，像巨婴。这可能跟当年学校教育对他们的影响有关。这些没有开悟的年轻人，知识和工作技能虽然能通过公司培养来获得，但他们因为对自己的人生没有清楚认识，所以不能伴随公司持续地发展。他们的跳槽，往往只是受到外界环境影响，并没有自己的思考。这样的人生是不够精彩的，而开悟才能使人生更精彩。我们原来的公司卖掉后，产生了27个创业团队。原因就是27个团队的成员在我们原来的公司得到了成长，开悟了。

6. 创新创业教育要帮助学生树立正确的人生态度

我们大学的教育不是为了那1%的人进行的教育，是为了大多数人的教育。我们的教育应当帮助学生形成人生观和价值观。这是我的一个总体思考，这个思考也的确受其他人，受斯坦福校训的影响。斯坦福的校训叫“自由之风永远吹拂”，听起来没什么，一不够震撼，二不够高级，但是我觉得这是一种人生态度，或者人生定位的一种态度。说起来，我们对自由的理解可能是漫无目的，其实不见得。中国有句古话叫作随心所欲，好像是孔子说的。其实这种自由是放飞自己，开拓自己，是一种学习态度。斯坦福大学倡导的这种价值观，培养了一系列成功的企业家。他们的校友综合经济可以排到全球第七位，超过了很多国家的GDP。我的观点是，大学期间有些课一定要坚持开，比如说“思想道德修养与法律基础”。这门课让我们这群进学校快跑的“马”，尽早地找到了方向。建议一定要请有格局的老师来开，一定要逼着学生给自己打标签，逼着学生去想自己10年以后、20年以后是怎样的人。这也是一种格局的培养。本科阶段的教育是通识教育，给予学生的是一种人生观教育，同时突出学生的创新创业能力，大学四年做好这两件事情就够了。

7. 创新创业教育要因材施教

谷歌的创始人投资了一所小学。他希望从最开始就用一种新的手段来重塑教育观。我们最近的一项投资是关于人工智能和教育专业的结合方向的，叫自适应教学。其实这就是我们说了很多年的因材施教。首先，对于学生来说适合学什么，现在可以通过一系列的大数据、传感器、自动化测评测试出来。当然，今天还没有跳出传统的知识框架。然后进行教育教学和学习。我们投资人最近关注的教学，其实都在走向更加个性化、精细化，从背后来讲就是在不断提升教育的效果，更有针对性，更好地培养不同潜质、不同类型的学生，而不是全校都用一个模式。其实还有另一句让我很受刺激的话叫“华工出匠才”。我们不仅要做千人一面的工匠，我们还要做百花齐放的创业者。

四、高校创新创业教育的三师制及学校教师的三个结合

1. 创新创业教育课堂应该是三师制

我旁听的斯坦福商学院“创业学”课堂上，有两位教师，一位是学院的教授，另一位是谷歌的董事长。这种模式有利于创业理论与实践的结合。其实创新创业教育应该是三师制，包括社会导师、创业讲师和高校教师三类。现在华中科技大学在创业圈、创投圈的影响力是高于其学术影响力的。我们平均十个投资项目就有一个是来自华中科技大学的，比例差不多是十分之一。很多互联网公司的产品经理，也都来自于华中科技大学。这些校友，都是很好的社会导师和创业讲师。斯坦福大学校友回校给学生上课也成为一个惯例，这种课造就了更多成功的校友。我认为校友师资的选择，首先是“唯贤是举”而不是“唯名是举”。除了让最知名的校友发挥光和热之外，应该大力挖掘那些真的能够渗透到学生中去的人，哪怕是职业经理人或者打工者，甚至刚刚毕业一两年或者两三年的。前提是他要有对学校的热情和一定的能力，能配合我们的教学任务，能跟同学们进行交流互动。我们应该在这上面舍得花钱，舍得请人。我们今天给这些校友一定的支持，让他们定期如每年一到两次返校，来做这种交流，这绝对会是最有效的长期投资回报。其次，要发动大家的力量，要把所有有需求的人连接起来。“今天我以华科为荣，明天华科以我为荣”，那么我们是不是应该像捧红知名校友一样把他们也捧红。他不一定是全校知名人物，但可以是班级的知名人物，班上的几十个人都很认同他，都觉得他是一个顾问。能形成这样一种哪怕是兼职的人生导师，定期聊一次，对学生也是很

有帮助的。这样分散化、分布式地做事情，才能把师资力量紧紧联系在一起。

2. 高校教师要做好校友的结合、产业的结合和社会的结合

高校教师，要像我们今天的云网，成为超级连接层，成为跟校友连接的接口，通过校友会的平台，通过各种方式，各个院系也好，各个教务处也好，去直接地联系，而不仅仅只是靠一两个人，毕竟个人的力量总是不足的。不仅是有名气的校友，还应该有大量可能没有那么高知名度但有能力的或者说也有意愿来学校奉献，包括能跟学生打成一片的这些校友。我们的校友企业家论坛年会上，应该有更多老师们的身影。斯坦福的教授，每一个几乎都跟产业界有紧密的连接，我能在硅谷大量的企业中看到教授们的身影，甚至包括教授出去给企业做顾问，做首席科研家，做兼职，这是一个普遍现象。我听斯坦福的教授讲他们在大学里有两大目标，第一个就是做科研教学，为学生传递知识，拿到终身教职，第二个就是实质性参与创办一家企业。如果我们的高校真的把创新创业作为最核心的目标，那么能不能像斯坦福大学一样，打破常规，让教授们做他们想做的事情？高校还可以邀请企业界专家担任学校的研究中心主任、科研专家，促进科研与产业和社会的对接，帮助科研成果尽快转化为生产力。所以总的来说就两件事：第一，把一些有方向性、有产业转化能力的校友（企业里的研究人员和商业人员）请进来，让他们在学校的实验室和课堂上与学生进行交流；第二，高校教师也要走出去，去了解这些东西。

在硅谷和斯坦福的半年多时间里，我逐渐意识到，如果希望把自己的下一个十年过好的话，自己思考的方式可能需要改变。也许我们第一个阶段的发展还是要有名有利，要获得财富，获得自由，要获得名望的积累。但我们应思考更高层面的需求是什么，特别是当我们已经解决了基本的经济问题之后，下一步应该做什么。这个答案，我从硅谷精神中得到了，那就是改变世界。听起来可能蛮狂妄的，但我觉得这是一种自我成就，是自己希望给这个世界留下点什么的体现。我欣赏乔布斯 1997 年为苹果公司拍过的一部广告片《Think Different》，我们创新创业教育的目标，就是培养出不一样的那个他！

姚欣
2017 年 4 月 25 日

序者简介

姚欣，高中连续两年获得河南省奥林匹克计算机竞赛一等奖；1999 年被保送至华中理工大学（现华中科技大学）计算机本科专业；2004 年在华中科技大学读研期间休学创业，主导开发了全球首款 P2P 流媒体网络电视 PPLive（后更名为 PPTV），陆续吸引了软银中国资本、蓝驰创投、德丰杰、软银股份有限

公司等国际顶级投资机构，获六轮风险投资，总额为数亿美元；于2014年将公司出售给中国A股上市公司苏宁云商。在近十年的创业历程中，姚欣经历了从技术型创始人、产品人到创业企业家的成长过程，也艰难地熬过了2008年、2011年两个市场低谷，积累了丰富的创业经验。2016年年初，姚欣联合多名国内知名创业者共同发起了公益教育项目“AI创业营”，希望能够帮助中国科技创新领域的创始人学习与成长，并共同寻找下一个可以改变生活的创新力量。2018年5月，姚欣在美国硅谷发起了PPIO分布式存储项目，希望将十多年的P2P系统设计经验与区块链技术结合，开发出下一代分布式存储服务。现在，姚欣也是国际著名科技创投机构——蓝驰创投的投资合伙人。

前言

一个一岁多的孩子，尝试着将小桌子上散落的积木搭建成一个歪歪扭扭的组合体（谈不上是房子或宫殿）。对于他来说，这是建筑创业。

一个六岁的孩子，尝试着用钢琴演奏出不太流畅的第一支曲子。对于他来说，这是音乐创业。

一个十八岁的年轻人，背着行李来到大学攻读自己选择的专业。对于他来说，这是学术创业。

一个八十岁的老人，从头开始学习一门新的外语。对于他来说，这是语言创业。

……

人生每投入一次新的尝试，都可以称为创业。所以，创业是学习，学习就是创业。

相比于幼儿搭建积木、儿童演奏曲子、年轻人攻读某专业和老人尝试学习外语这类风险极小的创业来说，商业创业的风险巨大，一着不慎，满盘皆输，给创业者身心带来破坏性伤害。高科技领域的商业创业风险更大，学习成本更高。为了降低这种风险，创业者就要从自己或他人的创业体验中学习领悟。面对面地与创业者进行交流，则是其中一种便捷有效的学习途径。但遗憾的是，对于大多数人来说，他们可能没有太多机会与优秀的创业者当面交流。为了弥补这种不足，可以让创业者不加保留地对自己过去的经历进行口述复盘，再把口述录音原汁原味地整理成文本，让更多见不到创业者本人的读者，通过阅读文本同样能够实现与创业者的交流。这就是本书作者团队的初衷。

2016 年下半年的某一天，本书主编——华中科技大学企业孵化器方伟总经理在一次大学生科技竞赛的评审会上，与本书副主编——华中科技大学管理学院戴鑫副教授无意中碰撞出火花。双方都意识到一个问题，就是本校（华中科技大学）近年来涌现了诸如房多多联合创始人李建成，悦然心动创始人颜庆华，PPTV 创始人姚欣，海豚浏览器创始人杨永智，卷皮网创始人黄承松、夏里峰，乐行天下创始人周伟，诸葛io创始人孔淼等一大批行业知名的70后、80后、90后创业校友。他们在不同场合接受了媒体的不同视角的采访，但却没有形成系统的、可比较的、能够为学弟学妹的学习成长和母校创新创业教育带来启发帮助的翔实案例。校园里流传的关于他们的创业经历，往往都是“姐(哥)是一个传说”。高校和高校孵化器的创新创业研究者与实践者，为什么对眼前的“金矿”熟视无睹呢？

于是，在征求了学校启明学院黄刚副院长、原校团委李嵩副书记(现为管理学院党委副书记)等人意见之后，四家单位决定联合发起“寻访华中科技大学创新创业者”行动计划(这也是我们团队的创业计划)。启明学院、校团委和企业孵化器推荐优秀创业校友名单，管理学院设计调研方案和组织专业师生团队，企业孵化器进行具体协调对接。四方组成联合调研团队，深入创业校友企业进行一次或多次参观访谈、问卷调查，收集大量影像和书面资料，将录音部分再进一步整理成文字，汇总提交给校友企业审核确认后存档。迄今为止，调研团队已经寻访了几十家校友企业，形成近百万字的记录文档。本书从中选择了13家企业校友的部分口述记录，汇编成书，分享给投身于创新创业研究与实践的同仁。

第一批愿意公开出版的企业包括互联网视频领域的上海聚力传媒技术有限公司(PPTV)，互联网和大数据服务领域的北京诸葛云游科技有限公司(诸葛io)、北京七麦科技股份有限公司，移动支付领域的上海简米网络科技有限公司(Ping＋＋)，智能驾驶与车联网领域的上海嘉车信息科技有限公司(极豆车联网)、武汉极目智能技术有限公司，互联网与传统服务结合的北京齿轮易创科技有限公司、北京阿博茨科技有限公司(AI＋金融)、武汉奇米网络科技有限公司(卷皮网)、深圳市房多多网络科技有限公司、北京粉丝时代网络科技有限公司(粉丝网)，生态农业领域的谦益农业(湖北)有限公司，以及创新创业服务领域的硅谷未来学院等。每家公司的创业者面对母校寻访团队，纷纷坦露心声，回忆了创业过程、各个发展阶段面临的环境与挑战、各个阶段业务模式变化情况、创业团队变动情况，以及重要决策背后的思考逻辑等，反映出校友对母校的赤诚之心。每一次访谈都会让寻访团队百感交集，既为校友们的成功感到高兴，又为他们所吃过的苦、掉进去的“坑”感到不易。

在此，本书编写团队向百忙之中抽出时间分享创业智慧的各位校友表示由衷地感谢，他们是姚欣、孔淼、徐欢、金亦冶、汪奕菲、王闻宇、程建伟、宋师伟、余宙、夏里峰、李建成、刘超、李明攀、程曦(按照书中企业出现的先后顺序排列)。我们也向参与编写和调研协作的单位表示感谢，向各位合作同事致谢，他们是毛家兵、刘雯雯、李晓彦、滕宏达、张赫、王飞凡、孙倩倩、李敏、江波、王芳、偲雅、黄静、严晨峰、骆锦岩。我们还要向参与前期调研访谈和录音整理的博士生、硕士生和本科生们表示感谢，他们是闫庆、陈雪梅、庄莹、韩奇、韩世博、唐婷娜、陈怡然、龚昭、周北华、黎健佳、郭晓旭、刘家麟、郑凯文、宋炟文、陈紫月、江诗宇、杜世明、杜芊、白依萱、蒋西梓、陈美琳、饶文兰、王雪榕、何英豪、何寒蕊、刘书彤等。

最后要强调的是，如著名创业学者 Saras D. Sarasvathy 所说，创业者不等于公司，公司失败也不等于创业者失败。因为很多创业者只是把公司当作一种工具，他们持续性地创造了多个公司，在这个过程中不断地学习，不断地将公司关掉、卖掉或者在公司上市后退出。① 本书收录的 13 家创业企业，正面临着快速变化的需求和激烈的市场竞争，未来发展可能更加成功，也可能遭遇挫折。但无论后续结果如何，都不能简单地将其与创业者的成功或失败相提并论。本书只是希望通过口述史的方式记录他们珍贵的创业历程，为当局者和旁观者提供借鉴。我们也期待更多的华科校友和创业者，坦诚分享自己的创业历程，为我们国家经济和社会发展贡献源源动力。

特别感谢华中科技大学教学研究项目——产教深度融合背景下创新创业社会导师队伍建设管理机制研究与实践(项目编号为 208029)的大力支持。本书是依据该基金项目的阶段性成果编写的。

由于各类局限，本书难免存在不足，恳请读者们提出宝贵意见与建议。我们将会在后续修订版的致谢中添加提出重要意见的读者名单。联系邮箱：151484828@qq. com。

本书编写团队

2019 年 7 月 14 日

① SARASVATHY S D. The Questions We Ask and the Questions We Care About: Re-Formulation Some Problems in Entrepreneurship Research[J]. Journal of Business Venturing, 2003,19:707—717.

目录

听创业者亲口讲述创业故事

一辆手推车，一个大煤炉，一张面饼，一个鸡蛋，一把生菜，还有火腿、里脊肉等可以选加其中，这就是武汉光谷地区著名的华中科技大学（本书中简称华科）南三门鸡蛋灌饼。出品人是早年下岗的一对刘姓夫妻，他们 2008 年进入这个行业，2012 年注册新浪微博，2014 年在爱奇艺等平台推出 9 分钟纪录片。凭着良心品质和新媒体传播，南三门鸡蛋灌饼一举成为华中科技大学院墙外的“网红”小吃，迄今保持了稳定且优秀的销售业绩和现金流记录，据称其收益远超北京的“黄太吉”。

就在刘叔开始卖鸡蛋灌饼的那一年，从华中科技大学院计算机专业走出去的姚欣（当时还不满 28 岁），已经担任 PPLive（也就是后来的 PPTV）CEO①四年，正带领着团队无比风光地为北京奥运会提供互联网视频支持。那一年，由于美国次贷危机爆发，硅谷几乎有三分之一的 VC② 公司倒闭，原先答应投资的三家机构全部违约，导致公司资金严重吃紧，迫使企业年底人员压缩 50%，包括姚欣在内的高管全部停止拿薪。那次危机也促成了姚欣从技术人到商业人的人生转折。

---

① 首席执行官（Chief Executive Officer）。

② 风险投资（Venture Capital）。

同样是2008年，华中科技大学经济学院国际经济与贸易专业的漂亮女生徐欢，正吃着华科南三门鸡蛋灌饼在院墙内读大二。毕业一年后，不甘舒适国企人生的她毅然成为“北漂”一员，加入李开复先生创办的创新工场布丁项目组(商业模式早于后来出现的猫眼电影等)。毕业三年后，作为联合创始人和CEO，徐欢依托创新工场孵化，创办北京七麦科技股份有限公司(以下简称七麦科技)，为全球近30万开发者、投资人、媒体人提供155个国家/地区的移动数据服务。2018年3月，她入选福布斯亚洲30位30岁以下创业者榜单，同年8月，又入选福布斯中国30位30岁以下创业者榜单。

比徐欢晚一年入校的黄承松，被保送到华中科技大学软件工程专业，在大三时也吃上了华科南三门鸡蛋灌饼，并与从华为公司出来的学长——2006年从华中科技大学通信工程专业毕业的夏里峰，联合创立了武汉奇米网络科技，开创了“九块邮”商业模式。他们后来又创立了平价电商平台卷皮网。该平台已成长为国内最具发展价值的移动电商品牌之一。黄本人先后入选2015年福布斯中国30位30岁以下创业者榜单，创业邦2016年30岁以下创业新贵和亿欧网2015年中国互联网+新锐CEO等。

2008年，海尔成为北京奥运会全球唯一白电赞助商。这家公司有一位1988年毕业于华中理工大学(即现在的华中科技大学)材料焊接专业的校友周云杰。当时他已经担任集团副总裁(于2016年正式担任集团总裁)，正跟随海尔集团董事长兼首席执行官张瑞敏先生推进“全球化品牌战略”与“人单合一”双赢管理模式。该模式颠覆传统组织结构，从“正三角组织”颠覆为“倒三角组织”，又变革为“节点闭环的网状平台型组织”，在全集团组建了2000多个自主经营体，建立了覆盖每个自主经营体的核算机制。2013年到2019年，海尔又开始进一步深化体制改革，转型为面向全社会孵化创客的平台，打造“共创共赢的生态圈”，让员工从被雇用者、执行者转变为创业者、动态合伙人，在为用户创造价值的同时实现自身价值。[①]

上述案例中，不论是开办小吃摊还是组建高科技企业，不管是搭建新电商平台、创立新商业模式还是在大公司内部创建小微企业，在学术范畴内都属于创业。只不过它们分属不同创业类型。著名学者阿玛尔·毕海德(Amar V. Bhidé)根据项目不确定性的大小、投资额的大小，以及可能带来的利润的高低三个维度，将创业活动分为五类(见图1)。[②]

---

① 曹仰峰. 海尔转型，人人都是CEO[M]. 北京：中信出版社集团，2018.

② BHIDÉ A V. The Origin and Evolution of New Business[M]. New York City: Oxford University Press, 2000.

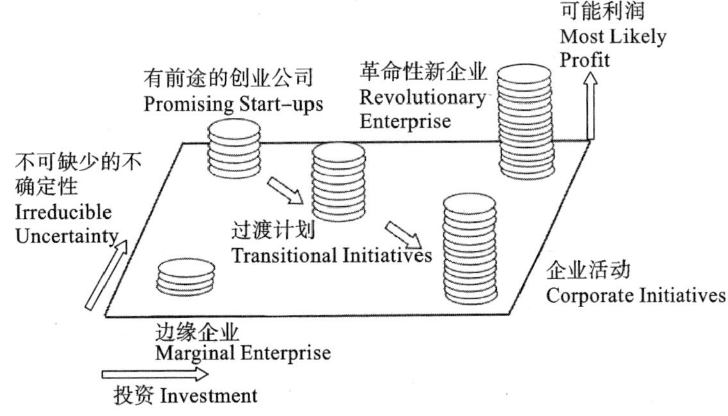

图1 基于投资、不确定性和可能利润的创业活动分类

第一类是边缘型创业活动。类似上文提到的刘叔的华科南三门鸡蛋灌饼传统行业项目，它们面临的不确定性小，投资额较小，带来的利润水平一般。第二类是“有前途的创业活动”。类似上文中的七麦科技，它们面临的不确定性较大，投资额较小，带来的利润高于边缘型创业活动。第三类是风险资本支持型创业活动。类似PPLive和卷皮网，由职业风险投资人参与，风险的不确定性有所降低，但投资规模比“有前途的创业活动”要大，利润更高。第四类是公司创新创业活动。特指海尔这样的大型成熟企业的新产品或新项目投放或进入新市场，或者企业的二次创业。其不确定性较小，投资规模较大，利润更高。第五类是具有变革性的新企业创业活动。它们在不确定性、投资规模和可能利润等方面都有较高水平。如事关国家安全的国之重器（如智能制造）、国之重芯（如高精尖芯片）开发制造等。

对于在校学生或刚刚走出校门的本科生、研究生、博士生来说，可能比较合适的是上述第二类和第三类创业活动。这类群体在创业之前和之中，如果能够比较清晰地知道什么是创业、谁来创业、如何创业、如何评价创业成功，以及如何从创业失败中学习，就能避免或者少走弯路。

【什么是创业】

对于什么是创业的问题，来自管理学、经济学、心理学、社会学等领域的学者给出了五类典型定义(见表1)。

表1 创业的五类典型定义

学派	创业定义举例	要点	代表学者
机会学派	创业是以创业机会识别、评价，以及商业模式设计为核心的，以机会开发为主线从而实现机会价值的连续性过程，即创业活动是从创意产生到新企业成长的连续过程	创业包括创意产生、概念形成、机会识别、机会评价、机会开发等环节。创业者应该不断思考：能带来新产品或服务的机会为什么、何时及如何存在？某些人为什么、何时及如何看到并开发创业机会？为什么、何时及如何采取不同的行动来开发机会以收获价值	A. Ardichvili, R. Cardozo. Ray S, 2003
过程学派	创业是新组织生成过程	新创组织不同于已经存在的组织，两者具有巨大的革命性差异。正在创立的组织处于一种非确定状况，通过创业活动向确定状况发展	J. Katz, W. B. Garter, 1988; B. J. Bird, 1992
资源学派	创业是对创业资源进行合理配置以实现价值创造的过程	在面临较大资源约束的情况下，创业者或者新企业应该高效地进行资源配置和开发，即开展资源的识别、获取、整合和利用等系列过程	K. Foss, et al., 2007
网络学派	创业是镶嵌于特定社会网络的创业者依赖其所拥有的网络资源来发现机会和创建新企业的过程	新创组织在各种行为者相互作用构成的网络中产生，社会网络为创业者提供信息、资源及精神情感等多方面的支持。而网络中行为者之间的关系在不断变化，这种变化一般导致创业过程分为三个阶段。第一阶段，聚焦于必需的双边关系。创业者通过以前的商业伙伴、家庭和朋友来获取信息、物资和资本资源，以及销售和社会支持。第二阶段，双边关系转变成社会经济交换。此阶段双边关系不仅仅是第一阶段的社会/情感关系或者经济/工具性关系，还是社会和经济两个维度的关系，是一个存在风险和试错的过程。第三阶段，交互分层。交互不再是创业者个人之间的交互，更多的是不断循环的组织间的交互	A. Larson, J. A. Starr, 1993

续表

学派	创业定义举例	要点	代表学者
制度学派	新兴行业内的创业是创业者从组织、行业内、行业间和制度四个情景层次，提高其认知合法性与社会政治合法性，实现创业成功的过程	新进入缺陷是新企业较既有企业更容易“死亡”的原因，外部合法性而非内部协调过程因素是构成新进入缺陷和新组织死亡率高的主要原因。新企业（包括衍生组织和独立新创组织）需要选择合适的合法化战略（如依从、选择、操纵等），提高规制、认知、规范和行业四种合法性，克服合法性门槛，获得生存与成长	H. E. Aldrich, C. M. Fiol, 1994

注：作者根据张玉利、杨俊等（2018）[①]相关文献整理

从表1中可以看出，创业与既有企业关注的重点不同，前者关注的重点是机会，后者关注的则是资源。创业者的思维方式是：哪里存在机会？我怎么才能把握机会？为了把握机会我需要什么资源？我怎么才能控制这些资源？什么样的结构是合适的？例如，前述案例中姚欣等人在“世界杯”时期网上看球的尴尬中发现了在线视频技术的商机，徐欢在移动互联网发展中洞察到了客户的大数据应用需求，黄承松和夏里峰则发现了现有电商平台尚未满足的需求，等等。相比之下，既有企业的管理者的思维方式则是：我控制什么样的资源？影响组织与市场关系的结构是怎样的？如何增强执行力？什么样的机会是合适的？[②] 例如，海尔的张瑞敏先生曾经指出，盘活企业，首先盘活人。如果每个人的潜能发挥出来，每个人都是一个太平洋，都是一座喜马拉雅山，要多大有多大，要多深有多深，要多高有多高。[③] 这里张瑞敏先生就是把人作为企业的重要资源来管理。

从表1中也可以看出，创业既可以是引入新产品、新服务、新原料和新生产方式，也可以是创新性地模仿或复制，还可以是新组织、新企业的创立过程，同样也能是大企业的内部二次变革过程。创业者在创业过程中要利用周围环境中的资源和网络，要适应或改变生存环境，让自己或企业站起来、跑起来。

---

① 张玉利，杨俊，于晓宇，等．创业研究经典文献述评[M]．北京：机械工业出版社，2018．

② STEVENSON H H, GUMPERT D E. The Heart of Entrepreneurship[J]. Harvard Business Review, 1985.

③ 文正欣．张瑞敏谈战略管理[M]．深圳：海天出版社，2011．

PPTV 创始人姚欣在回顾自己当年的创业历程时，不止一次地提到"要活下来"。"虽然我在创业过程中很有理想情结，但我一直是务实主义者，我觉得首先要活下来，你活下来都谈不上，就不要谈未来理想情结，不要谈改变世界，什么 anytime、anywhere 你都不要想。"

【谁是创业者】

创业是创业者的创业。创业是创业者发现了需求变化，发现了创业机会，然后建立市场来满足新需求。[①] 那么谁是创业者？早期的学者将人分为创业者和非创业者，并努力寻找两者在气质等方面的天然差别，或者归纳创业者的共性特征，但最终并没有得到一致的结果。后期有学者认为应该把创业者当作一个物种，而不是天生论者。创业者不需要具备一致的个性特征，可以有多种不同的性格和风险偏好，比如“乐观者发明了飞机，而悲观者发明了降落伞”。[②]

创业者某种意义上是创建新公司的人，但创业者不等于公司。公司的失败也不等于创业者的失败。很多创业者只是把公司当作一种工具，他们持续性地创造了多个公司，在这个过程中不断地学习，不断地将公司关掉、卖掉或者在公司上市后退出。所以，创业者可以划分为一次型的创业者、持续型的创业者（serial entrepreneurs）和组合型的多元化创业者（portfolios entrepreneurs）。[③]

创业也是创造新事业。这种新事业可以在项目、企业、产业等不同层次上进行。按照新事业所代表的新组合的激进程度和它在微观、宏观层次上所创造的价值大小，可以将创业活动及创业者划分为四类。[④] 第一类，双赢型创业和创业英雄。这种创业既能够为社会创造价值，又能够给创业者个人带来财富。所以，创业者可以称为创业英雄，因为他/她创造了英雄式的事业（hero enterprises）。第二类，利他型创业和创业先驱。这种创业没有给创业者个人带来收益，但其他社会成员可以利用创业者的思想和方法成功地从事创业活动。创业者是某个新领域的先驱，起到了催化（catalyst）作用。第三类，利己型创业和创业大盗。这种创业开创的新事业只给创业者个人带来财富，但对社会没有价值。所以它是一种掠夺式创业（robber enterprises），创业者像逐利的

---

① CASSON M C. The Entrepreneur: An Economic Theory[M]. Oxford: Martin Robertson, Edward Elgar, 1999.

② 张玉利，杨俊，于晓宇，等. 创业研究经典文献述评[M]. 北京：机械工业出版社，2018.

③ SARASVATHY S D. The Questions We Ask and the Questions We Care About: Re-Formulation Some Problems in Entrepreneurship Research[J]. Journal of Business Venturing, 2003,19:707-717.

④ DAVIDSSON P, WIKLUND J. Levels of Analysis in Entrepreneurship Research: Current Research Practice and Suggestions for the Fortune[J]. Entrepreneurship Theory and Practice, 2001, Summer: 81-99.

大盗。第四类，失败型创业(failed enterprises)和创业前卒。这种创业既没有给社会带来价值，也没有让创业者个人得到收益。创业者像中国象棋里牺牲的马前卒。

本书收录的13个企业案例，其创始人既有一次型的创业者，如深圳市房多多网络科技有限公司(房多多)的李建成、北京粉丝时代网络科技有限公司(粉丝网)的刘超、武汉奇米网络科技有限公司(卷皮网)的夏里峰、武汉极目智能技术有限公司(极目智能)的程建伟、谦益农业(湖北)有限公司(谦益农业)的李明攀等，也有连续型的创业者，如上海聚力传媒技术有限公司(PPTV)的姚欣、北京诸葛云游科技有限公司(诸葛io)的孔淼、北京七麦科技股份有限公司(七麦科技)的徐欢、北京齿轮易创科技有限公司(齿轮易创)的宋师伟、上海嘉车信息科技有限公司(极豆车联网)的汪奕菲和王闻宇、北京阿博茨科技有限公司(阿博茨)的余宙、上海简米网络科技有限公司(Ping＋＋)的金亦冶、硅谷未来学院的程曦等。他们的创业活动，基本都属于双赢型创业。

【为什么要做创业复盘】

复盘源自围棋术语，又称为“复局”，指对局完毕后，复演该盘棋的记录，以检查对局中招法的优劣与得失关键。复盘近年来成为中国企业推崇的一种学习方法，是知行合一、打造学习型组织的重要途径。华为、联想、万达、阿里等企业都在采用。按照联想提出的2(横坐标：绩效的好、差)×2(纵坐标：学习效果的好、差)矩阵，可以把成功或失败分为四类(见图2)。[①] 第一类是有意义的失败。就是虽然事情绩效差，但学习效果好，让做事情的人能够真正得到经验教训，防止同类错误再次发生。第二类是无意义的成功。就是虽然事情绩效好，但不知道成功的原因和机理，未来不可复制这种成功。第三类是期望的成功，绩效好，学习效果也好。第四类是彻底失败，绩效差，也不知道为什么差。

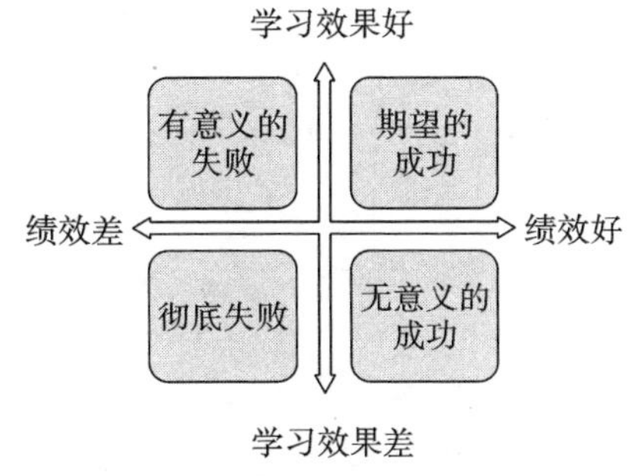

图2 联想公司绩效与学习效果矩阵

复盘的本质是每个人从亲身经历的事件中进行总结学习。对于创业者来说，虽然每个创业项目不完全一样，有成功也有失败，创业情境也可能千差万别，但如果从自己或他人的创业复盘中认真学习，发现影响因素和机制，避免以后再掉进同一个“坑”里，那就是有意义的失败和期望的成功。

本书所收录的13个创业素材(见表2)，均来自公司或项目主要创始人一次或多次口述，内容涉及创业历程、创业环境、创业团队、反思感悟等，是典型的创业复盘。无论是口述者本人(以及创业团队)还是其他读者，都可以从有意义的失败或期望的成功复盘中进行萃取提炼，举一反三，总结经验教训，并将知识转化为能力，在今后的创业中走得更稳更快。

---

① 邱昭良.复盘+把经验转化为能力[M].3版.北京：机械工业出版社，2019.

表 2 本书收录的 13 家创业公司及其口述人简介

口述人	口述人简介	创业公司	公司简介
姚欣	2003 年本科毕业于华中科技大学计算机科学与技术专业;2004 年,研究生一年级时,因发现网络视频的商机,休学创业,主导开发了全球首款 P2P 流媒体网络电视 PPLive(后更名为 PPTV);2018 年 5 月,在美国硅谷发起了 PPIO 分布式存储项目,希望将十多年的 P2P 系统设计经验与区块链技术相结合,开发出下一代分布式存储服务。现为蓝驰创投的投资合伙人	上海聚力传媒技术有限公司	致力于新一代流媒体传输技术和网络视频技术的开发、推广和应用,是第一家向海外输出中国自主知识产权技术及专利,且其技术及专利被国际知名企业/机构(哈佛大学、麻省理工学院、微软研究院)广泛应用的互联网视频企业
孔淼	2013 年本科毕业于华中科技大学软件工程专业;大学期间,受邀实习于创新工场,担任李开复博士的技术助理。毕业后,加入 37degree 团队开始创业,任职 CTO。2015 年起,打造了新一代的数据服务平台——诸葛 io,担任公司 CEO。入选 2018 年福布斯亚洲 30 位 30 岁以下创业者榜单和福布斯中国 30 位 30 岁以下创业者榜单	北京诸葛云游科技有限公司	产品诸葛 io 是一站式营销 & 运营分析平台,通过以用户为中心的分析方法,洞悉用户行为、提升用户生命周期价值,为企业实现数据驱动的精准运营,并提供顾问式的数据智能解决方案,快速适应企业各业务部门的数据需求,提升数据分析与应用效率。2015 年 10 月,公司获创新工场、阿尔法公社领投的 Pre-A 轮融资;2016 年 12 月,获得蓝驰创投领投的 A 轮融资
徐欢	2010 年本科毕业于华中科技大学国际经济与贸易专业;2010 年 8 月,就职于广州市邮政局;2011 年 9 月,就职于北京步鼎方舟科技有限公司;2013 年 8 月,作为联合创始人及 CEO,创办七麦科技。入选 2018 福布斯亚洲 30 位 30 岁以下创业者榜单和福布斯中国 30 位 30 岁以下创业者榜单	北京七麦科技股份有限公司	创新工场早期孵化项目,后获得清科创投、天鹰资本等联合投资,是国内专业的移动增长整体解决方案服务商。目前已为近 30 万开发者、投资人、媒体人提供全球 155 个国家/地区的移动数据服务。率先将人工智能技术与大数据结合,实现 AI+BI 服务升级,并荣获福布斯、36 氪、钛媒体、GMGC 等数十家知名平台颁布的行业权威奖项

续表

口述人	口述人简介	创业公司	公司简介
金亦冶	2008年本科毕业于华中科技大学光学与电子信息工程专业；2012年，硕士毕业于斯坦福大学电子工程专业；在硅谷读书期间创业一次，提出“众包交通地图”的理念；2014年，创立了Ping++并担任CEO；2015年入选福布斯中国30位30岁以下创业者榜单	上海简米网络科技有限公司	通过三年多努力完成了从“交易的管道”到“交易的引擎”的突破，成为To B的服务型企业，在进行“无现金”城市的建设中，可以为企业提供各种技术及定制化的解决方案，让平台的搭建更加便利。这将帮助更多企业解决在线支付的后顾之忧，进而使得企业能够迅速进入移动支付的时代。2014年，获得红杉资本和线性资本A轮投资；2016年获得由宽带资本领投的千万美元B轮融资
汪奕菲	2005年本科毕业于华中科技大学计算机科学与技术专业，PPLive的创始人之一，曾任PPTV多终端事业部总经理。2014年联合创立极豆车联网，任CEO	上海嘉车信息科技有限公司	成立于2014年，主营业务有车载导航、车载后视镜、车辆服务，包括同汽车生产厂之间在硬件/软件开发、车辆服务方面的合作，与汽车后市场商家在汽车改装硬件方面的合作，还有和网约车、共享汽车商家的合作。公司不是一个纯互联网企业，是互联网和传统企业相结合的企业
王闻宇	2005年本科毕业于华中科技大学计算机科学与技术专业。曾任PPTV合伙人，首席架构师，负责PPTV软件的整体架构。现任极豆车联网CTO		
程建伟	2019年博士毕业于华中科技大学光学与电子信息专业；2011年，创办武汉极目智能技术有限公司并任CEO；2014年，参加大学生创业大赛，夺得冠军，获得20万元扶持资金。武汉市第八批“3551光谷人才计划”高端人才	武汉极目智能技术有限公司	一家专注于智能驾驶技术研发与应用的人工智能企业，致力于通过全球领先的计算机视觉技术助力智能驾驶的发展和普及。目前，极目智能不仅在前装领域与多家车厂建立了合作关系，打造未来的智能驾驶和交通方式，还针对物流车队、营运车险、智慧公交等推出了基于ADAS主动安全的行业解决方案

续表

口述人	口述人简介	创业公司	公司简介
宋师伟	2009年本科毕业于美国卡内基梅隆大学；2011年硕士毕业于斯坦福大学；大一时以“最年轻实习生”的身份加入苹果公司，参与iPhoto及iChat（后改名为Messages）项目的研发；毕业后加入大数据分析公司Palantir，负责金融类别的大数据研发；回国后创办了面向硅谷移动开发者的App测试平台“TestElf”及大学生课程管理工具“课程格子”并担任CTO；2016年，创办“齿轮易创”；2017年入选福布斯中国30位30岁以下创业者榜单	北京齿轮易创科技有限公司	定位于为中小企业“行业腰部企业”提供综合性产品技术创新服务，主要包括：帮助传统企业实现互联网转型和业务线上扩张；帮助企业提升运营效率，提高企业服务质量，节省运营成本；支持客户产品迭代和新业务孵化，为企业策划和实施完整的技术解决方案，帮助企业迈出信息化转型的第一步
余宙	2008年本科毕业于华中科技大学软件工程专业；2007年荣获微软全球软件设计大赛中国国内赛冠军，同年受邀到西雅图比尔·盖茨家中做客；2010年和联创团队多位核心成员一起，在武汉创立百纳信息技术有限公司，集中研发出海豚浏览器，担任公司副总裁兼首席产品设计师；2016年和杨永智共同创办“阿博茨科技”	北京阿博茨科技有限公司	一家以人工智能技术为核心的金融科技公司，致力于将人工智能技术赋能于金融业，为专业投资者提供全方位的技术服务。经过与数十家国内外顶级机构合作，阿博茨科技打磨了成熟的人工智能＋金融的解决方案体系，成为金融与人工智能之间的黄金纽带，受到了业界的普遍认可，是中国金融科技创新模式的探索者和行业领先者
夏里峰	2006年本科毕业于华中科技大学通信工程专业；在校期间参与PPTV早期创业；大学毕业之后进入华为工作，历经国内市场部、海外市场部，而后被派驻海外数年；2009年，与校友黄承松共同创业，开创“九块邮”导购商业模式；2012年，与黄承松共同创立卷皮网——服务消费者日常生活所需的平价生活电商，担任联席CEO。2017年，当选武汉市政协委员，同年5月荣获“湖北青年五四奖章”	武汉奇米网络科技有限公司	一家服务消费者日常生活所需的平价生活电子商务平台，专注为消费者提供平价商品和更好的购物体验，是一家专注于高性价比商品的移动电商。2016年6月，获得三轮融资，累计融资额近10亿元，成为当时国内最大的未上市电商企业之一；2016年7月，入选工信部发布的中国互联网企业100强榜单；2017年4月，入选2016年度最佳互联网投资案例；2018年3月入选科技部火炬中心“2017年中国独角兽企业”

续表

口述人	口述人简介	创业公司	公司简介
李建成	1996年本科毕业于华中理工大学电信专业，随后攻读本校硕士。2011年毕业于中欧国际工商学院EMBA。曾任腾讯深圳研发中心总经理，UT斯达康深圳研发中心高级研发经理，现为房多多联合创始人兼CTO，主要负责房多多底层技术架构及研发管理业务	深圳市房多多网络科技有限公司	一个以房地产经纪人为中心的、独立开放的、数据驱动型的房地产交易平台，通过提供丰富的真实房源，具有真实意向的买家、卖家、房东和租房者，交易促成服务及数据分析产品来帮助房地产经纪人完成交易。房多多不仅向房地产经纪人提供一站式服务，而且充当经纪人与其他房地产专业人士、购房者、卖房者及交易相关服务提供商连接的桥梁，从而建立起充满活力的生态系统。2019年11月，该公司在美国纳斯达克证券交易所正式挂牌上式，股票代码为DUO
刘超	2011年研究生毕业于华中科技大学知识产权专业。读研期间，刘超曾担任法学院研究生会主席，担任校科技创新基金主席。曾任职于盛大游戏并负责多款大型游戏的上线运营。2014年，刘超创立北京粉丝时代网络科技有限公司，担任CEO，引入粉丝大数据的分析体系和游戏运营的理念，在明星成长、成熟、衰退和粉丝流失的不同时期引入个性化的粉丝互动工具，帮助明星实现粉丝群体的扩大、黏性的增强和附加值的提升	北京粉丝时代网络科技有限公司	成立于2005年，2014年粉丝时代收购粉丝网，重新布局移动端，推出粉丝网App。粉丝网以媒体、社群、数据、交易四大业务矩阵覆盖明星与粉丝、跨领域名人名家、娱乐市场多元参与者的需求场景；联合正规交易所全新推出的“时间交易平台”打通明星名人与粉丝的互动对接。2017年粉丝网完成1.5亿元人民币B轮融资，估值10亿元，创下国内粉丝经济圈融资新纪录

续表

口述人	口述人简介	创业公司	公司简介
李明攀	1997 年不满 16 岁考入华中理工大学电子系。2001 年本科毕业后进入外企成为手机芯片工程师;2009 年辞职回湖北黄冈农村实践生态农业;2012 年创立谦益农业(湖北)有限公司;2017 年荣获“湖北青年五四奖章”;2018 年被评为湖北省十佳农民,中国智慧三农创业创新代表人物	谦益农业(湖北)有限公司	国内新锐生态农业企业,2016 年被农业部授予“国家示范农业合作社”“新农民创业创新百佳成果”。农场秉持“善待土地、和谐发展”的自然农耕精神,种植过程禁止使用任何农药、化肥、除草剂,致力于为社会提供安全可靠的粮食产品,同时为后世留下一片绿水青山,并带动乡亲共享生态农业发展成果。主要产品为生态大米、小米、面粉及其他杂粮,种植、加工与销售一体化。经过多年艰苦拓荒,截至 2018 年,公司已经拥有湖北黄梅、蕲春、房县,河南淅川,江西婺源,山西长治,黑龙江齐齐哈尔、牡丹江,苏州太湖等多个种植基地,总面积逾万亩。2016 年,公司还启动了蕲春“虚心谷”生态农业旅游项目,并已取得明显成果。2018 年 8 月,山西窑洞“芗舍里”生态农业旅游项目开始运营
程曦	1999 年本科毕业于华中理工大学自动化系,获得自动化及市场营销双学士学位。2009 年获得长江商学院工商管理硕士学位。大学毕业后先后入职华为 H3C、阿里巴巴集团等企业海外部门。2010 年回国创立订阅制有机食材电子商务公司,2016 年成立硅谷未来学院及明道未来资本	硅谷未来学院	一所面向全球企业家、创业者及投资人的创新服务机构,专注于提供引领未来科技与商业创新的大师课程及认知服务,致力于打造集海外定制游学、跨境项目对接、科技人才智库、科创股权投资为一体的国际化资源平台

【如何跟本书中的创业者一起复盘】

对于新企业，创建一般可以从四个角度进行分析（见图 3）。[①] 第一，创业者个体，包括其在创业过程中表现出来的家庭影响、社会影响、教育背景、工作经验、心理需求、风险偏好等个人特征或特质等。第二，环境，即创业情境，包括风险资本的可得性、创业合伙人、劳动用工的熟练程度、供应商和客户的可接近性、非市场力量（如政府）等。第三，组织，包括创业企业组织模式、资源配置模式、市场架构、竞争战略等。第四，过程，即创业过程中的相关活动，如商机搜寻、资源捕获与积累、产品和服务的生产与营销、组织搭建、对利益相关者的响应等。本书收录的 13 家创业企业的复盘，侧重于上述某一个或几个方面的描述。

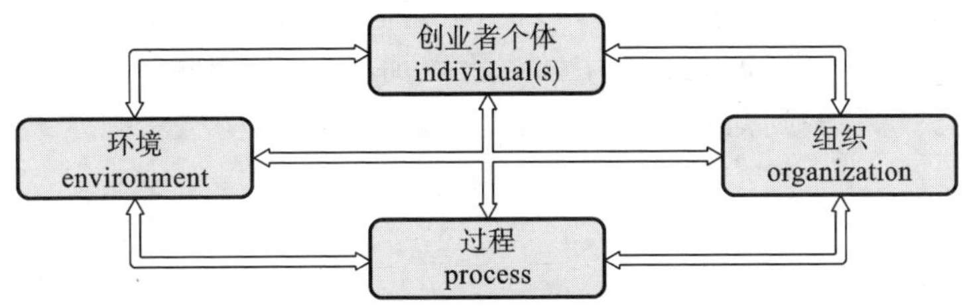

图 3　新企业创建的描述性概念框架

此外，Timmons 提出了经典的创业过程三要素模型（见图 4）。[②] 他认为创业过程是创业三要素（创业机会（商机）、创业团队和创业资源）相互匹配和平衡的持续动态过程。创业机会是核心，驱动创业团队获取、整合、分配资源；创业资源是基础，为创业者开发、利用机会提供支持；创业团队是实现创业的关键组成要素。创业者在创业过程中不断做出动态调整，促使三要素趋向平衡，创业才更有可能获得成功。

从复盘层次方面来讲，邱昭良将复盘分为个人复盘、团队复盘、项目复盘、经营与战略复盘四类。[③] 因此，读者可以从这四类中选择一类或几类模式进行复盘，可以跟随书中创业者的描述，按照个体、环境、组织、过程四要素，或者是

---

① GARTNER W B. A Conceptual Framework for Describing the Phenomenon of New Venture Creation[J]. Academy of Management Review ,1985,10(4):696-706.

② TIMMONS J A. New Venture Creation[M]. Singapore: McGraw-Hill, 1999.

③ 邱昭良. 复盘＋把经验转化为能力[M]. 3 版. 北京：机械工业出版社，2019.

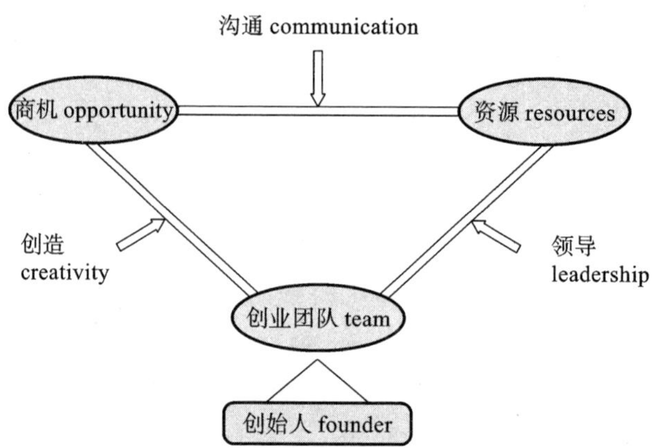

图 4　Timmons 提出的创业过程三要素模型

商机、创业资源、创业团队三要素，一起体验创业者当时所处的创业环境、决策情境和心理状态，思考隐藏在项目运作、研发制造、市场营销、团队管理等创业行为背后的逻辑，总结创业过程中的经验教训，重点是知晓创业过程中可能会遇到的各类“坑”，做到知其然，知其所以然，未雨绸缪，防患于未然。

PPTV 姚欣:步步为营引领互联网视频

【企业概况】

上海聚力传媒技术有限公司(PPTV)是一家由多家国际知名风险投资公司投资的、服务于中国及全球互联网用户社群的网络电视技术平台提供商,是第五代网络新媒体中的领军企业。PPTV 始终致力于新一代流媒体传输技术和网络视频技术的开发、推广和应用,是第一家向海外输出中国自主知识产权技术及专利,且其技术及专利被国际知名企业/机构(哈佛大学、麻省理工学院、微软研究院)广泛应用的互联网视频企业。

【口述人简介】

姚欣，1980年12月出生，河南省郑州市人，PPTV创始人及总裁。因高中期间连续两年获得全国计算机奥林匹克一等奖，1999年被保送至华中理工大学计算机科学与技术专业；2003年，本科毕业；2004年，研究生一年级时，因发现网络视频的商机，休学创业，主导开发了全球首款P2P流媒体网络电视PPLive；2004年年底，PPLive1.0正式在华中科技大学韵苑26栋诞生；2005年2月，PPLive软件正式上线，在全校范围内测试后，在武汉地区教育网传开；2005年5月，注册成立上海聚力传媒技术有限公司，陆续吸引了包括软银中国资本、蓝驰创投、德丰杰、软银股份有限公司等国际顶级投资机构的六轮共数亿美元的风险投资；2014年将公司出售给中国A股上市公司苏宁云商。2016年年初，姚欣在硅谷学习期间，联合多名国内知名创业者共同发起了公益教育项目“AI创业成长营”，希望能够帮助中国人工智能领域的创始人学习与成长，并共同寻找下一个可以改变生活的创新力量。2018年5月，姚欣在美国硅谷发起了PPIO分布式存储项目，希望将十多年的P2P系统设计经验与区块链技术相结合，开发出下一代分布式存储服务。现在，姚欣也是国际著名科技创投机构——蓝驰创投的投资合伙人。

【创业心路】

创 业 萌 芽

我的创业是从研究生一年级开始的。在导师李芝棠教授的指导下,我主要从事并行式计算方面的科研工作。除了理论研究,我更关注这些技术在实际生活中如何应用,这也为我后来的创业和投资播下了一粒种子。

从看球赛发现需求

我的创业想法始于一场球赛。在我研一时,华科第一次拿到 CUBA 中国大学生篮球联赛冠军,当时作为赛场的西操体育馆爆满,一票难求。当时我们的创业团队成员之一汪奕菲,正好是“华中大在线”的站长,在线转播了 CUBA 比赛。我当时就跟几个小伙伴说:“为什么我们不能够让大家在宿舍里面看球呢?”

2000 年至 2005 年有个最流行的视频应用——BT 下载,BT 是一种互联网上新兴的 P2P① 传输协议,全名叫 BitTorrent,中文全称为比特流,大学生宿舍里都在用。于是我开始关注这个应用,发现它跟我们原有的很多计算机网络架构不一样。例如,它采用的是 P2P 的架构、分布式的架构,而不是中心化的、服务器化的架构,解决了以前使用的人越多网速越慢的问题,现在反而是使用的人越多网速越快。当时我觉得要实现人人都可以直播看球的话,一个可能的方向就是结合类似 BitTorrent 下载的 P2P 技术,将 P2P 技术和在线直播(live streaming)结合起来,以实现使用的人越多播放越流畅的特性。这个也是后来我们的产品叫作 PPLive 的原因,就是 P2P 技术加上 live streaming 直播。刚开始,我们其实没想到自己做一家公司去创业,就是想能不能做一款共享软件,能发布给大家免费使用,这可能是我们创业的初心吧。所以那个时候一开始我们并没有公司,最初只是我和几个同学组建了一个工作室,完全是自发且用业余的时间在做。

① Peer-to-Peer:对等网络。

“同学十”团队初步形成

当时我正好还在读研究生，也在做辅导员，还带本科生，带他们参加 ACM 竞赛，也是他们 ACM 竞赛的辅导员。当时我就带着两三个本科生，这其中重要的两位，一位是刚刚提到的汪奕菲，另外一位是王闻宇，王闻宇是冰岩作坊的第二任技术主管。他们那个时候还没毕业，还在学校里面读大四。有一天我跟他们说：“我们一起来做点创新吧！除了带着你们竞赛，我带你们做点实战性的活，带着你们写个共享软件出来。”当时就以华科学生为主组建了一个创业团队。2004 年 10 月，我们开始在学校的宿舍里面写这个程序，后来因为写程序需要的时间太多，所以我就跟导师李老师打了申请报告，申请休学一年，李老师批准了，之后又延长了一年，再往后就直接退学创业了。

“我们的软件”第一版发行

2004 年 12 月 3 日，在学校白云黄鹤 BBS 里面的“Our Software(我们的软件)”版面，我们发布了软件的第一版。当天就有上千下载量，不到 3 个月软件下载次数超过 100 万次。对于这个成长速度，我们当时没有任何概念。后来我们才知道，Facebook 得到第 100 万个用户用了 6 个月才完成。同样都是校园市场，我们是在 3 个月内完成 100 万用户的积累，我们的软件非常迅速地在湖北省内各个高校的 BBS 里面传播开，而且通过教育网开始向全国其他高校传播。所有这些事情并不是我们靠刻意推广实现的，而是完全靠用户之间的口碑传播推动的。

10 平方米的工作室

创业初期我们成立了工作室，但那个时候在宿舍里做定期维护和开发比较困难。我想工作室应该有个工作室的样子，不能一直在宿舍里面做共享软件。后来就在学校的东一区租了一个房子，大概就 10 平方米的屋子。我们初创团队为六七个华科学生，后来也有一些地质大学学生加盟在工作室写共享软件。我当时也没什么可以给他们的，说就当作一起来参与社会实践吧。加上我当时也是计算机学院 IT 俱乐部的主席，还有一些人脉和号召力，大家觉得和我一起做一个共享软件还是有一点成就感的，所以我们就一起开始行动了。

起步与成长

我们正式成立公司和商业化是到 2005 年。当年 4 月开始注册申报,5 月批准下来,我们开始入驻公司。在此之前,我们都是在学校的民房里面度过的。

第一个投资人告诉了商机

我们的第一个投资人是软银中国,它也是阿里巴巴、江南春的分众传媒等公司的投资方。我们当时并没有刻意去找投资者(那个时候 VC 远远不如现在发达),是他们主动找到我们的。当时我们在网上留有联系方式,也只是想做一个共享软件,软件没有商业用途,而且仅限于教育网。2005 年,日本软银投资了一家香港的 P2P 公司,大概投资了两千万美元,当时可以说是巨资,让这个公司为日本软银提供 P2P 技术服务。日本软银是软银中国的投资人之一,软银中国是中国人管理的风险投资公司,他们的核心团队中有多位是 UT 斯达康的联合创始人,包括后来看中我们这个项目的宋博士,他是 UT 斯达康的首席工程师,他对通信网络的发展非常敏感。他当时就感觉到新一代的网络技术正在蓬勃发展,其中一个走向就是利用 P2P 来承载语音视频文件,语音和文件传输在当时都有应用来实现(Skype、BitTorrent),因此他们更关注视频能不能被承载。有这方面的关注,他们就更早地来寻找这方面的潜在创业者,所以当时他们就主动找到我,给了邀请函和机票,让我去上海一趟,和他们 CEO 见面。我去了一趟,交流了一下午,他们就决定投资我们,投资的第一笔资金其实并不多,共 100 万元。但是在当时,对于一个还未工作的学生来说,一万块钱就是一笔巨资了。

联合创始人

我另外的两个联合创始人,一个是李翀。他是一个连续投资人,也是我的亲戚。我读本科的时候,曾到他公司打工。他起初的时候给了我 5 万块钱,作为公司的运作资金,算作天使投资。我当时告诉他,你不能只投钱,还得来干活,所以我将他定义为我们的联合创始人,负责对外商务。所以我的第一笔资金是从 4 个“F”中的 family(其他 3 个“F”是 founder, friends, fools)开始的。

另外一个联合创始人是张小兵，当时他是武汉天融信网络安全公司的技术经理，也是我实习时候的直接领导。我当时说我有一个想法，要做这件事，问他要不要一起来，他也很爽快地答应了。创业初期都是学生团队，没有什么商业经验，心里没底，所以决定一定要请专业人士加入。当时绞尽脑汁把我身边最强的人才请过来，其中差不多一半是通过学校的资源请过来的。有几个甚至放弃了保送研究生的机会，直接加入了创业团队。因为是创业初期，也并没有给他们一些很优厚的激励，只是说："你先在这边实习，到时候毕业了直接加入。"

品牌的确定

公司最开始创办的名字是上海聚力传媒技术有限公司，这个一直没变过。但我们当时对外的服务品牌其实在变化，早先我们用的是 PPLive，后来改叫 PPTV。为什么有这样一个改变呢？一方面就是因为公司定位的改变。在 2008 年之前，国家广播电视总局（简称广电总局）没有给民营企业颁发过网络视听许可证，严格来讲，民营企业是不能提供网络视频服务的，所以在创业初期我们就是一家技术公司。另一方面，那个时候的中国互联网用户数量还不到一亿，处在互联网发展早期阶段，市场还没有形成，当时投资人、股东和我们自身都认为我们是一个技术团队。我们为有内容的、有牌照的电视台提供电视网络直播技术，所以说当时我们是非常典型的一个 B2B① 技术公司（就是我们提供技术解决方案给别人，让别人使用和运营）。这样的定位一直持续到 2009 年后才开始转变，2008 年 5 月我们拿到许可证，2009 年我们就推出了 PPTV。这次我们从一家技术型企业向一个面向最终互联网消费者的 B2C② 企业转型。之后我们用的品牌全部都是 PPTV，一直到现在。

把电视台做成标杆项目

我们当时的核心产品是基于 P2P 的流媒体直播系统。这套系统相对于传统的流媒体服务器系统具有低成本优势。当时给湖南卫视做了一次测试，就是有李宇春参加的那一届《超级女声》。他们想尝试一下用互联网播出，但怕我们做不好，就没付费。我们当时也说，"义务帮你们做测试，只要你们愿意帮我们挂在你们网站上做一次宣传就行了"。开始几场比赛，我们的技术根本不

---

① Business-to-Business，企业与企业之间通过专用网络或 Internet，进行数据信息交换、传递，开展交易活动的商业模式。

② Business-to-Customer，企业直接面向消费者销售产品和服务的商业模式。

过关,因为在线人数远远超出我们的想象,而最后一场比赛,在线人数达到了55 万人,带宽需要 100 GB 左右。要知道当时网络中心出口的带宽才 500 多兆,是不可能有人做到这个的。但我们靠两台 PC[①],实现了 55 万人的在线观看,这个绝对是一次飞跃性的进步。那一次测试,充分展现了我们的技术能力,并让我们的能力得到了投资公司和合作伙伴的认可。2004 年整个中国的互联网用户只有 1000 多万人,视频用户就更加寥寥无几。当时有 500 KB~1 MB接入能力的只有教育网,其他的还是 ISDN、ADSL 时代。ISDN 只有 64~128 KB。当时网吧上网和家庭 ADSL 宽带才刚刚普及,一个月就要两三百块钱的网费,也只有 512 KB 而已,基本上看不了视频。但是,当时校园网实现了"十兆到桌面,百兆到大楼",后来升级到"千兆到大楼",是一个非常优良的网络测试和实验环境。正是因为这样一个环境,我们才有早期这么快的技术迭代和技术实验的土壤,也让我们通过湖南卫视的"超女"直播证明了自身技术实力。

2005 年至 2007 年这三年是我们发展的初级阶段。这个阶段我们实际上是在做电视台项目,为电视台做网络直播系统的网络技术开发、实施和维护。那三年来我们做到什么程度呢?当时国内大概 30 多家省级卫视(包括央视在内),有网络项目、网络播出的需求。30 多家里面有 18 家都是我们的客户,包括著名的凤凰卫视、湖南卫视、央视及上海文广。当然还包括湖北电视台和少量电信运营商,例如武汉长城宽带、教育网赛尔等也是我们的客户。虽然客户众多,但是收入不高,因为那个时候大家对于软件公司、技术公司不太重视,普遍的客户心理就是一段代码能值多少钱。他们买硬件愿意花二三十万元,但是买软件花 1 万元都嫌贵,他们说"大学生开发的东西卖我们一两万元太贵了"。为了改变这样的现状,我们不得不通过卖硬件和服务器的方式来销售,我们买了一台 IBM 服务器(5 万元人民币),把我们的服务器系统安装在里面,加上锁然后再卖,而用户端程序免费下载,这样我们每卖一台就相当于给出一个 license,就可以发布一路视频节目源,客户要发布几台就买几台,我们就按这种卖硬件服务器的方式来销售我们的软件。那个时候收入很少,可能每年也就一两百万元,就靠卖服务器的收入来提供技术维护,就这样不断滚动市场。

---

① 个人计算机(Personal Computer)。

软件的推广

我们当时比较重视的一件事是软件推广，因为服务器卖得很便宜，我们也就可以提一些要求，例如：必须装我们的软件。所以那个时候我卖给客户的不是一段源代码而是一整套解决方案。发布端的硬件服务器及用户安装插件，都由我们完整提供。只要把信号接入，用户安装上后打开电脑即可观看。我们给十几家电视台提供服务，他们的用户又安装他们的产品，所以当时虽然并不是我们来播出这个内容，但是用户终端覆盖量逐渐在累积。大概到了2007年时，我们差不多有了四五千万用户的累积覆盖。我们本质上是做B2B，他们是做B2C，相当于我们间接实现了B2B2C，从而将客户端安装量在用户端推广开，这就是我们中间的过渡阶段。

技术的不断增长

2008年年底，我们的P2P视频客户端用户达到1.8亿，之前每年都以3～5倍的速度高速增长。当年提供的技术也在不断拓展。一开始提供的是视听直播服务，后来扩增到视频轮播服务，相当于一个电视台放5部电影，然后5部电影就一直轮播，这个叫NVOD[①]，接近VOD。到2008年我们还推出了VOD点播服务，可以直接在线点播，每个人可以从头到尾看各种内容。技术也在不断迭代升级。我们经过三次大的技术结构调整，然后不断地发展起来，用户数量也在不断增长，所有指标都很好，只有一样不好，就是收入没有好起来。

融资过程

我们在2005年获得天使投资，2006年获得A轮融资。因为客户从原来的三四家增长到二十多家，所以为了更好地服务更多客户，我们就必须进行融资。那时就是我现在工作的投资机构蓝驰创投BlueRun Ventures，给我们投了大概五百万美元。这样短短一年时间，我们的估值从一百万元迅速抬到投后近一亿元了，所以早期投资人十分高兴，收获颇丰。从用户数量这个角度，在短短两年时间实现了上万倍增长，这是我们当时主要的发展节奏，当时来讲几千用户就不错了，后来我们迅速达到五十五万用户之后又达到了千万级用户，当然我们也就很快完成了A轮融资。

2007年5月我们完成了B轮融资。当时B轮的领头方是德丰杰资本

---

① 准视频点播(Near Video on Demand)。

DFJ，DFJ 是硅谷一家著名的投资机构，也是百度、特斯拉等企业的投资人。当时 DFJ 是在全球范围内选择了我们这个项目进行投资。我们都知道一般融一轮钱大概是两年时间，所以正常来看我们应该在 2009 年年初完成 C 轮融资。但因为我们花钱买了 2500 万元版权，所以当时从我们现金流支出来看，资金只能用到 2008 年年底。那个时候整个互联网投资都是美元基金，没有国内人民币做早期风险投资，所以从 A 轮开始我们就在寻找美元基金，最后还是要跑到美国去融资。当时投资顾问、财务顾问，带着我们一起去了硅谷最著名的融资一条街沙岭街，也就是"刷街"去了。当时有 20 家有意向，然后我们跟这 20 家逐一做路演。我是 9 月 22 日落地硅谷，大约一个星期之后，9 月 30 日我们拿到了三份 termsheet①，然后返场，正好碰上"十一"假期。"十一"之后我们就准备给董事会讨论最后签哪一份。众所周知，当年 9 月 20 日美国次贷危机爆发，贝尔斯登倒闭，雷曼兄弟破产，花旗银行股价跌到一分钱，全是在那一周内发生的。在那之后的一个半月时间里，金融危机从整个美国东岸的金融市场逐渐向全球产生影响，就是从二级市场逐渐向一级市场产生影响。一开始给我们 termsheet、投资邀约的时候，这些机构都没问题。当时我们还问他们，"你们会不会受到次贷危机的影响"。当时很多基金机构说："二级市场的事情跟我早期投资没什么关系，早期投资本来就是要看 5～10 年的，经济危机总会过去的，没问题。"但事实上，那一次危机可能是近十年最大的危机。所有人都没有意料到，危机影响力之广泛到最后的结果是什么。你如果去关注当时的新闻，会发现在美国差不多有三分之一的 VC 机构倒闭了。先不说它投不投项目的问题，比这个更糟糕的是 VC 机构也没钱了，因为它们的 LP② 在别的地方损失惨重，就不能进一步地给钱，或者说他们要求提前回收资金。所以 VC 机构给我们的这个 termsheet 也成了一个无法兑现的协议了。这三份 termsheet 在后来的一个半月里面陆续失效，最后是投资人违约，放弃对我们的投资。

将公司总部设立在上海

2006 年完成 A 轮融资后，我们决定把公司总部从武汉搬走。搬走的原因很简单：我们当时不仅仅需要技术人员，还需要市场商务人员来跟全国电视台打交道，同时也需要更多管理人员。当时武汉有一个重要问题就是没有互联网产业，我们当时把武汉所有互联网公司跑完了，只有一家叫 SKYCN（即天空

---

① 投资条款清单。

② 有限合伙人（Limited Partner）。

软件站,后来被百度收购)的。我们只能在武汉电信等企业中找相关人才了。可见,当时武汉整体缺乏互联网运营和管理人才。我们公司80%的员工都是学生。当时比较凑巧的是2006年天融信网络公司撤销武汉研发中心,他们武汉研发中心有200多人,其中一半搬回了北京,另外一半武汉当地人就失业了。我连夜开始搜罗人马。2006年,公司共计45人,有10多名重要的员工都是从天融信那边过来的。这也让我们有了很强的工程能力,因为一开始只是实现技术,要做到稳定可靠、可持续、可维护还需要很多工程手段,包括软件测试和系统集中开发等。2006年后我们搬到了上海,以上海作为我们一个运营总部,武汉则作为一个研发中心继续保留。

分水岭

2008年是个分水岭。一方面,整个互联网产业蓬勃发展,比如新浪已经有了采编团队,类似于传统媒体一样的配置;另一方面,国家认识到网络视频化是互联网发展的必然趋势,非常重视网络媒体的成长。2008年广电总局颁发网络视听许可证,我们是作为第一批,准确讲是第一家民营公司,拿到了这个许可证。为什么呢?因为他们更愿意支持像我们这样的技术型公司。此前在北京奥运会时,我们就成为了央视首席合作伙伴,是奥运会互联网视频播放的主要技术提供方。那一年我们有了翻身机会,有机会从技术提供商向技术运营方转型,能提供网络视听服务了。而且,奥运会是世界瞩目的盛会。一方面我们是做体育直播起家的,而奥运会是最最重要的体育直播内容;另一方面奥运会在北京召开,无论是品牌效应还是用户吸引力都会给我们的流量增长带来巨大机遇。我们就决定要把奥运会直播合作伙伴这个身份拿下来。2008年全世界第一次体育赛事有了数字媒体版权,之前体育赛事没有互联网版权这个概念。北京奥运会决定做数字媒体版权,我们要拥有就要付钱,总的来讲央视是总承包方,我们要向它付款,好在我们能用技术来让它打折。我印象很深,当时各家都可以来买北京奥运会的数字媒体版权,最后定价是一口价2500万元得到整个播出权。搁到今天这太便宜了,但是在当年这个非常昂贵,2500万元相当于我们公司四个月所有的支出。那时2500万元相当于400万美元,一家公司的融资额就一千万到两千万美元。也就是说公司融资额的四分之一要来买版权,而且这2500万元花出去了是挣不回来的,因为在2008年,网络视听广告市场几乎为零,但公司要花2500万元去买购买版权内容,这个基本上就是"烧钱"给大家,买个用户高兴,然后用户过来看的网站,公司获得流量。这对我们来说是一个非常艰难的选择,但是为了后续融资,我们还是咬牙拿下来了。

技术产品思维转向商业思维

在2008年之前,中国大多数互联网公司的商业模式,是模仿美国既有的商业模式。因为当年还没有这么成熟的创业氛围。我们也是如此。那时大家对互联网的商业模式的理解很粗浅。简单来讲,互联网就看用户规模,谁用户规模大,谁就赢了,而对于挣钱,公司可以通过广告,通过各种方式慢慢变现。市场总有一天会好起来,因为当年这个情况,互联网公司亏损都是常态。除了游戏公司之外,其他公司统统亏损,所以说那个时候董事会给我们制定的方针就是:最大化地"跑马圈地",做大规模,用户数量就等于公司价值,用户翻一倍,公司的价值就翻一倍。所以我们前面就一直是按照这个模式走的。但是随着时间发展,整个市场突然遇到了经济危机,导致融资异常艰难。在此情形下,谁能把真正的利润创造出来,谁才能活下来。所以2008年令人印象深刻的就是红杉资本的一个经典PPT,叫作"安息吧黄金时刻"。这种讲故事融资,靠做大规模拿到很多钱的时代已经过去了,所有的企业要回归到商业的本质,能挣到钱,这是企业最大的价值。一个企业的价值是给股东带来利润,高增长的利润,这是最重要的事情。

在2008年之前,我们对商业模式和挣钱不是很重视,我们认为技术、产品、流量更重要。但是2008年之后我们意识到,如果不能挣钱,公司做得再好再大都是站不稳的,特别当整个资本市场变动的时候,公司必须自己能够挺得住。2008年10月我们壮士断腕,两次裁员,公司从当时的大概250人收缩到不到150人,"砍"了一半下去,当时非常心痛。当时的情况是我们的成本必须缩减到原来成本的三分之一,收入必须增长到原来的两倍,才能达到收支平衡。那是在资本"寒冬"的时候,没有人会雪中送炭,理性的投资人会选择最有机会的那家公司进行投资。如果没有能力做到营收平衡,不会有人考虑给我们投资。那个时候我对自身进行了一次深深的反省,之前我们一直听别人的,觉得我们应该怎么样我们就怎么样做,别人说我们只要做大规模就行了,投资人认为我们好我们就认为自己好了。其实后来我们就发现不是这样的,我们要成为一家成功的商业公司,首先要有个好生意,下一步才会有好市值好资本。所以说那一次是我非常重大的转变,就是从以前的技术产品思维,向商业思维转变。这是外力逼着我去想公司如何建立商业模式,如何形成行之有效的、能够获得利润的模式。盈利是公司最重要的事情,公司要做到的不是仅仅只实现技术这件事情。

我也做了一系列的动作。我第一个意识到的是,最大的问题不是在团队,而是在我本人。一方面，我自己从校园没有任何一天的工作经验开始创业，从写代码一直到创业发展，这个过程中其实自己的很多能力是严重透支的、不足的。那从另外一方面来讲的话，就是整个团队需要进一步扩充，需要更多具有新的经验和背景的人加入进来，甚至还需要去转型。于是我们就开始一系列的招才动作。因为我们当时在海外的影响力很大，海外华人看直播看春晚都是用我们的 PPLive，我后来“扫”了一下(就是拿了一个微软的 IP 地址段，跟我们自己的 IP 数据库一匹配)，发现仅西雅图地区的微软工程师就有两三千人在用我们的服务。我当时的招才方式，就是定向 IP，找这些人群，推送我们的招才广告。所以说我们当时在北美华人圈很有影响力，甚至今天有很多海外华人都说“我们当年都是用你们的东西，都很了解。”这一点成为了我们那个时候的优势，虽然我没有任何留学经验，但我知道从海外引人很重要的一条路径，就是从自己的用户和粉丝里面寻找。

后来我见了一系列的人选，在 2009 年冬天最冷的时候，成功引进人才——把陶闯从微软美国西雅图总部给请了过来。选他其实是有各种各样的机缘巧合，他跟我们的一个投资人认识，我们之间其实有很多间接的联系。他是 2009 年 4 月加入公司的，我保留公司的董事长和总裁的位置，让他来做公司的 CEO。为什么呢？就当时而言，我们如果要给投资者信心，就需要一个有更加完整的商业经验的人。我虽然有很强的成长力，但还要“交学费”。这很像谷歌(Google)公司，当时谷歌有两个非常年轻的创始人(founder)，就是 Larry Page 和 Sergey Brin。他们后来请诺威尔(Novell)公司的前 CEO Eric Schmidt 来做谷歌的 CEO。他在谷歌一直做了十年 CEO，直至 Larry Page 已经成熟了才告退，让位给 Larry Page。其实我当时也是这样一个意向，我说我必须找一个身边的导师(mentor)，一个商业上的导师，能跟我配合，能把公司做起来。

为什么我会去找陶闯？我觉得还是有这几个方面的原因。第一个是我俩志同道合，对这家公司的未来有一个共同的理解，共同的想法。我们一直认为我们做的这个事情是用科技改变生活，我们在做的不仅仅只是所谓的创造价值，而且是用科技来极大地提升整个产业的效率，同时我们让过去很多大家无法触及的服务变得更加廉价、更加普及，让每一个人都可以享受这些服务。所以我们当时提了一个愿景叫 4A——anytime、anywhere、anybody、anyscreen。就是无论你在何时何地，在任何屏幕上，你都能很轻松地甚至以免费的方式获取我们提供的视频服务。这在今天听起来不足为奇，可以用微信，但你想在 2007 年、2008 年那个时候，上网费还要几百块钱，大家每个月要交十几块钱的电视费，海外华人想看春晚是要通过将春晚视频刻在 DVD 上然后从国内寄过去才能实现的,这种情况下,我们的愿景可以说是一件非常大的事情,非常大的一个突破。因为有了这件事情,我觉得我跟他的理念和阅历是一致的,因为我俩都有技术"基因",都看中技术本身创造的价值。我们不会只用传统手段,我们会用新手段去实现商业创新。第二个是我觉得我俩互补,经验和资源上的互补。他非常了解海外市场,有很强的融资能力。然后他是一个偏商务型的人,各方面他的经历背景更加适合。同时我经过了 2004 年至 2009 年这几年的打磨,对所有技术产品研发、运营、用户增长都非常了解。互联网毕竟最核心还是用户体验和用户增长,那在这件事情上,过去的五年证明我们团队可以说是最优秀的,到 2008 年我们的增长率都是超过其他各家的。

PPTV 骨干成员合影留念

重新定位

我觉得我们很大的一个改变就是从 PPLive 到 PPTV。其实定位这个问题也是我在陶闯加入以后跟陶闯讨论最多的问题。我们到底是一家什么样的公司?我当时毫无疑问坚持的是技术改变生活,我们是一家有很强的科技创新"基因"的公司,但作为一家科技公司能"活下来"挣钱吗?那个时候来看,纯粹提供技术给电视台挣不了钱,甲方垄断市场,不愿意给钱。而且如果没有更多人能去采购这个服务,那谁能为此买单呢?广告主能为此买单,但你要做成广告主喜欢的企业,你就不仅仅是一家科技公司,而是一家媒体公司。广告主愿意为媒体广告投放买单。当时投资方是软银中国,它也投了江南春的分众传媒，我那时候跑去找江南春，找他去取经。所以我觉得经过这一番调整后，我们必须得取得一个平衡。今天很多创业公司，也要在“我想”跟“我能”中找到一个折中点。我认为我们的折中点是“科技是内在动力，但必须重新定位”。我们必须是一家网络视频媒体公司，这个是我们最大的改变。你作为网络媒体公司，你的品牌应该更容易被大家理解，这也让我们对品牌有了重新认识。

重新提升品牌的重要性

对于一个 To B① 的公司，可能品牌没那么重要，因为只要业内认可你这个品牌就行。但作为 To C② 的公司，你必须做一个消费者能够记得住的品牌，因为你所有的价值都构建在消费者品牌意识上。当时叫 PPLive 这个名字有很大的问题：第一是发音不标准；第二是大多数中国老百姓不知道英文单词，不懂英文含义，不懂这意味着什么。这就意味着我们必须进行改变，我们是在 2009 年 12 月 28 日，正式更名为 PPTV。当时还挺有趣的，因为在这之后的第二天——星期一的早上，央视正式宣布成立国家网络电视台 CNTV。所以前后两天时间里面，一家民营科技公司改名转型为视频媒体 PPTV，一个国家网络电视台启用 CNTV，这个是网络上可以炒作的话题。我们当时没有花一分钱推广，各大门户网站、各大新闻媒体头条都在宣传两家视频网站分别上线。我们的域名 6 月就买到了，但一直没有上线。我们改名是抢在 CNTV 成立之前，起初业内没有宣传，但是那天新闻联播宣传 CNTV 花了 5 分钟，连带其他媒体对这个事件的关联传播，相当于我们蹭到了热点。这个虽然看似是很小的点，但是对于创业公司、创业者来说却是一个商机。你是否有商业的敏感度，很重要。

改变定位

我们更名后最直接的改变是定位发生了变化。我们不认为自己只是一家科技公司，我们要用科技提升媒体产业的效率，我们要成为一家新媒体公司，这是最大的改变。有了这个改变，我们才去招募人才，组建市场部，更换品牌，启动广告营销……这也许是创业者的自我革命吧。当然部分创业者有路径依赖的问题，相比之下，我并不僵化，我可以快速转型“活下来”。

转型意味什么？有人说凤凰涅槃，也有人说是“找死”、瞎折腾。例如：你公司的团队，从合伙人这个层次更换，一个公司换合伙人如同一辆汽车在高速

---

① To Business，面向企业用户。

② To Customer，面向个人用户。

公路上换发动机,有巨大的风险。怎么能换好?我们真是吸取了很多教训。更换一个新品牌,就面临着以前很多老用户会流失的风险。我们当时想一点点过渡,先改为“PPTV(原 PPLive)”,慢慢再去更名。后面两到三年内是一个很痛苦的过程,就像联想更名品牌,绝对是巨大的资本消耗。但为什么还要做?为什么这件事情一定要坚持?一方面我们希望公司创始团队及员工对企业未来有一个更加坚定和清晰的认知;另一方面也是为了“活下来”,因为我们当时已经被别人甩在后面,说白了,我们不能够再骄傲了,没有骄傲的资本,不改变就只能慢慢“等死”。

务实主义

我觉得我在创业过程中一直很有理想情结,但同时我也一直是个务实主义者。我觉得公司首先要“活下来”,什么未来理想情结、改变世界,什么 anytime anywhere 你都不要想。你首先要“活下来”,“活下来”你就得去做很多事情。你要“活下来”,你要从自我改变开始。所以 2009 年我们进行了一个很大的变革,转型成为网络视频网站。当时是有两个赛道。一个是媒体出身的人做视频网站,比如说优酷视频的 CEO 古永锵是前搜狐的总裁,酷 6 的李善友是搜狐的总编辑,他们都是媒体人。另外一个就是技术类创始人做视频网站,包括我们 PPLive、PPStream 等,都是的。其实这两派人的“打法”和理念完全不一样,当然优酷他们也重视技术,也要补齐短板。比如后来带宽成本太大了,他们借助技术来降低成本。而我们也要去补齐我们对商业媒体广告营销的认知短板,从技术公司转型到媒体公司,我们可能是最成功的一家。其他同行后来陆陆续续都被并购了,都消失了。我觉得这一点(我们“活下来”)跟我们的团队和我对未来的期望有关系。

成熟与转型

从 PPTV 再往后,实际上就是我们所谓的 3.0 时代了。3.0 时代的一个标志时间点就是 2011 年 2 月 3 日,大年初一。我们拿到了来自软银孙正义的2.5 亿美元单笔投资,这个也是当年最大的一笔私募投资。之所以能拿到这笔投资,我觉得重要的原因在于我们当时给孙正义讲了一个非常好的故事,这个故事不仅是中国市场,实际上是一个全球市场的模式,是我们希望能去走的一个模式。这笔投资其实才让我们真正地从低谷恢复,然后开始向行业的前三再次冲击。

我们之前是在跟创业公司竞争，例如新浪、搜狐等。但后来要开始准备跟产业巨头竞争了，就进入3.0时代。我们意识到技术、产品的差异化已经不是核心了，甚至说你的那些用户规模也不是核心了，现在这个核心变成了产业资源整合和融资能力，这是两大核心能力。

由技术公司变为互联网公司

公司发展与我们的角色转变紧密相连。早期我们公司是一个技术型公司，我是一个技术专家，后来公司变成一个互联网公司，我们变成产品专家、产品经理。但到这个时候企业必须是一个有布局的企业，创始人必须成为企业家，要考虑如何去跟资本合作，如何利用好资本的杠杆。当然最后的结局也清楚，我们这个市场终究是"胳膊拧不过大腿"，企业不断在整合，行业结构也在不断调整。就像美国的好莱坞，现在是5大传播集团，5家"巨无霸"，每一家旗下都有很多个电视台、很多个制片公司和影院。但是你想想30年前的好莱坞，当时可是有60多家公司啊。可见，很多公司都被整合和消灭了。我们也意识到这个产业在迅速地走向整合。虽然说拿到了投资，但我们还是意识到在大的产业格局里依然难以生存下来。在2011年至2014年这三年时间里，我们的主要任务是跟大资本对手进行正面较量。

收并购风潮

2011年至2014年，我们其实在那段时间向大资本发起了挑战。那三年我觉得可能是这个创业过程中最累的三年，累倒不是说精力损耗，而是发现我们做的很多产业模式、产品创新，感觉像孙悟空跳不出如来的手掌心。就是如果你想绕开资源跟资本对抗来实现你的创新，太难太难了。我们也建立了移动互联网，也打造了全新的智能家具和智能硬件，甚至借助A股的资本……都尝试了。但最后我们发现，对不起，还得要干一件事儿，"拼爹"，这个时刻来讲的话，就是战略资本决定你最后未来能走多远。而且当时行业里的一件大事是，2013年5月，PPS被爱奇艺低价收购了。

我们成为这个行业里面唯一一家还独立运作的公司，不是我们没有被收购，是我们把之前的收购都拒绝了。我们连续拒绝了三次不同价格的收购。我们认为，作为一家公司的创业者和创始人，出售这个公司不是为了获得多少身价和财富，而是希望收购方能够让这个企业按照它自己的发展方向前进。彼时，百度把爱奇艺和PPS整合了，然后腾讯视频规模越来越大，剩下只有一家互联网巨头，就是阿里了。我们当时的主要投资者是软银，软银又是阿里的大股东,所以它一直在撮合我们跟阿里,就是希望我并入阿里的体系。我们也去跟阿里谈,但我们知道,一旦并入其中,我们就是大海中的一滴水而已,就要服从整个阿里的布局,你要成为其中的一颗小棋子。所以从我自己的角度看,我觉得我们跟阿里并购的结果就是,三五年之后我们能拿到一笔钱,套现出来,但是 PPTV 这个品牌可能就没了。我后来整理了一下并购的思路,整理出让我接受并购要达成的条件。第一是尽可能实现品牌的保留。为什么同行并购很难呢?因为一旦吞并,被并购方的品牌就没有了。比如说当年优酷跟土豆是齐平的两家公司,但优酷把土豆整合了之后,土豆基本就销声匿迹了。第二是我希望给团队挣更多的套现的机会。因为一般的收并购的结局就是把团队留下来,再发一笔股票,再延续四年到五年时间,大家在一起干四到五年。这个美其名曰"金手铐",把你给"铐"起来。但是我认为我的团队如果没有套现,我会于心不安。所以我的一个条件就是团队优先套现,而且尽可能是现金。这些条件提出之后其实就已经吓退了一半有意向来跟我们洽谈的人。但是即使如此,我们还是和三家谈到了最后,即阿里、搜狐、苏宁。

接受苏宁

最后为什么选苏宁呢?因为苏宁给了我们独立的空间。到今天为止苏宁依然把 PPTV 作为一个独立版块,独立的品牌,独立运作,未来 PPTV 还会持续发展。苏宁放弃了其他影视剧、综艺娱乐类别等,单独成立一个体育文创集团去做。这个其实也是我们当年给苏宁的建议。一个电视台最有价值的频道、最核心的频道,第一是新闻频道,第二是体育频道,第三是影视剧频道,能抢住一个就已经不错了。

我们 2013 年引进苏宁投资,过渡一年的时间,之后就正式离开。所以 PPLive 从 2004 年 12 月至 2014 年年底正好十年。

创业角色转变

为什么选择蓝驰创投

我自己为什么没有选择做一家天使基金,而是选择加入一家成熟的一线基金?当然我不算是全职合伙人,算是一个实习合伙人。答案来自两方面。一方面,我觉得我自己未来可能会继续创业;另一方面,我想认真地学习一下正统的投资理念和方法。其实我做天使投资业绩也不错，至少 70% 都融资成功，算下账面回报也有几倍了。但是这不能说明我就懂投资了，天使投资核心是投资人，身边正好有这样一波人，我投了几个，但不能说我能一直找到这样的人，因为投十几个人以后，你周围的人脉用完了，剩下的都是陌生人，而对于陌生人你不够了解他。我觉得这个时候还要去看那些专业投资者的做法，所以你看今天这些一线的投资人有一套做法。他们的做法和我关注的企业战略是很相关的，他们要能到比创始人更快更早地了解和挖掘、分析清楚一个产业的核心价值在哪里。

怎么选择投资项目？我们的投资其实叫作研究性的投资。不是说一个项目商业计划书拿过来，我们再去看，而是先去搜索这几年我们要关注哪些大的行业，然后行业里面有哪些大的赛道，这几个赛道在过去一两年和未来一两年有哪些机会。我们会观察技术进步、用户行为变迁、产业变迁带来了哪几个方面的提升。比如说我们投资机器人，不是因为机器人这个技术很厉害，而是现在中国人力成本持续上涨。另外，技术进步让硬件成本大幅下降，开始有标准化和供应链的支撑能力。基于前面的分析，再去分析选择工业机器人还是消费机器人，或者哪些服务领域。分析一定是从成本最高的先开始，从劳动最密集、人力最复杂甚至人不能去做的领域切入（比如日本海啸后的核电抢险）。所以当项目来找我们的时候，我们就已经对这个行业和赛道有了一些基本的了解，在这基础上我们才能去谈。现在创业计划书已经包装得非常好，你只是听他讲个故事，你需要在战略思考这件事上比创业者走得更远一点、更深一点。

我做投资人就是在不断学习，包括跟已投的项目、跟身边的专家学习。我的选择是，既然现在是学习阶段，就没有必要立刻自己成立一家基金，我可以在别人的平台里面学习和积累。因为这件事情其实跟我未来选择什么领域再创业也有关系，所以我更看重的是蓝驰团队的研究探讨氛围，他们对行业和赛道的选择有自己的判断。我觉得这些学习对未来我去创业、抓住更好的创业机会是有帮助的。

诸葛云游孔淼：边界延伸服务数字化营销

【企业概况】

北京诸葛云游科技有限公司，成立于2015年7月6日，其产品诸葛io是一站式营销&运营分析平台，通过以用户为中心的分析方法，洞悉用户行为、提升用户生命周期价值，为企业实现数据驱动的精准运营，并提供顾问式的数据智能解决方案，快速适应企业各业务部门的数据需求，提升数据分析与应用效率，是企业快速增长路上的数据驱动教练。2015年10月，获得由创新工场、阿尔法公社领投的Pre-A轮融资；2016年12月，获得蓝驰创投领投的A轮融资。

【口述人简介】

孔淼，2013年毕业于华中科技大学软件工程专业。大学期间，受邀实习于创新工场，担任李开复博士的技术助理。毕业后，加入37degree团队开始创业，任职CTO。在37degree期间，曾带领团队服务过CCTV、海尔、宝马等知名企业。2015年起，打造了新一代的数据服务平台——诸葛io，担任公司CEO。入选2018年福布斯亚洲30位30岁以下创业者榜单和福布斯中国30位30岁以下创业者榜单。

【创业心路】

与数据结缘

初识数据

我在2009年考入华中科技大学软件学院,2013年毕业。4年的学习时间里我参加了很多次科技竞赛,两次获得全国大学生软件杯中国区一等奖;参加大学生机器人大赛获得第一名,我们的作品得到了评委的一致认可,甚至被认为是学校实验室的成品;参加过一次“互联网+”大学生创业大赛和一次“创青春”,两次比赛我们也都获得了全国金奖。此外,在2012年学校60周年校庆大会上,我作为唯一的学生代表进行发言,受到了原湖北省委书记李鸿忠的表扬。

2012年,我大三,受邀参加创业工厂,为李开复做技术支持,主要任务是将李开复的想法完成,通过技术去实现、去落地。例如,通过数据挖掘和AI算法去优化微博管理,成功帮助李开复使其成为了当年微博影响力第一。较好地完成了各项工作使我受到了多方面的关注。

2012年起,我开始接触数据,与数据结缘,并不断积攒对数据的理解。在2012年至2014年期间,我加入37degree团队开始创业,担任团队的CTO①。这也是创新工场投资的第一家大数据公司,主要是基于社交网络数据构建知识图谱和用户DMP②,以及相关延伸的工程应用(如SCRM③,Wi-Fi④),并与诸多品牌、4A公司合作。在2013年年底的时候,我想到一个问题,大家都在谈大数据,但是真正有数据的公司却没几家,大家总想到外部去找数据、买数据,这里面也包括黑市上的一些黑产数据。但其实企业里面也有很多很丰富的数据,真正缺失的是一种从企业中提取数据的能力。在提了这个想法之后,我们

---

① 首席技术官(Chief Technical Officer)。

② 数据管理平台(Data Management Platform)。

③ 社会化客户关系管理(Social Customer Relationship Management)。

④ 无线网。

团队找了一些国外的产品与做数据处理的公司，但是这些公司往往缺少对业务的理解，这些所谓的数据处理只是一种简单的数据基础加工手段，并没有将数据真正运用起来，数据还只是一个冰冷的存在。

数据运用

带着数据运用要对企业的营收起到优化作用的核心思路，在 2014 年时，我们团队开始与某手机厂商进行合作，帮助手机厂商做了一套大数据平台。在做这个平台的时候，我们不断迭代自己的想法，从而完成了一个全新的产品模型。

我当时觉得目前数据处理更多的是一些统计结果，缺少洞察。在深入了解业务后，我们认为业务就是不断抽象，不断明确业务怎么来、做什么事情、怎么组织事情、怎么打破用户数据引导等问题。我们使用技术的引导方式去解决问题，搭建了全新的模型。我的习惯是要先看市场行情怎么样，再看这件事值不值得做。当时我们发现国内没有人做这样的事情，但国外已经有一个发布了六个月的产品，于是我们就立刻压缩时间，用了三个月的时间做了这个项目，做出来之后就上线了。

三个月做出来的这个产品其实能够满足一些 App 的数据需求，像滴滴打车，它关注的就是每天有多少人打车；“饿了么”关注每天有多少人点外卖。但是在当时“饿了么”和“滴滴打车”的数据是由内部平台完成的，只有那些有技术实力的公司才能做出来，并且这些公司对数据运用的投入成本很高，效率非常低，所以当时我们的产品是给更广泛的网站用户提供了免费的平台，让他们拥有这种大数据功能和技术。

2015 年 10 月第一轮融资的时候，我们的产品备受好评，但到下一轮融资的时候就遇到了一个瓶颈。

我们的产品在 3 月上线，公司是 7 月成立的，即产品是在上一家公司做出来，然后独立出来的。在成立公司时，我们的团队按股份、按比例每人进行了投资，随后进行了融资。成立初期，公司的员工并不多，公司的运营成本不高，因此借了些钱就顺利支撑了公司的正常运转。后来公司的资金变多，进行了大量扩招，随之带来人工成本的大量增长，这也大大超出了团队的预期。因此虽然产品被看好，融资也足够，但我们在公司成立初期仍旧吃了经验不足的亏。

我认为公司运营有三个原则。一是时间有限，在公司没有盈利的时候，就要抢时间；二是金钱有限，公司的快速发展离不开大量资金的支持，资金越多，公司越好发展;三是股份比例很重要。

在商业模式方面,我认为资本是一条线,团队是一条线,业务是一条线。公司成立初期,我们的核心客户只是很小的开发者或者网站,他们的特点就是没有很多的资金。在这个时候,我开始思考转变公司的客户群体定位。2016年,公司开始重视有标杆性的客户和中高级客户。当时遇到很多的阻力,很重要的一点就是很多客户担心这些数据不是真实的,他们十分在意数据的私有性,因此在 2016 年 9 月,公司在报价上做了很多调整,在模式上也转变为私有化的产品。

发现客户的变化

对于我们来说,企业突破的思路是,追求更大的客户规模、更高的产品价值,提升团队的核心能力,增强对客户的洞察能力。我重新思考了 App 和网站的本质是什么,帮助企业做的分析数据有什么作用这两个问题。

我们帮助用户把更多时间花在这两个问题上面,类似娱乐或者信息的消费,其实就是企业联系一些年轻用户的媒介和平台,慢慢演变成为企业服务用户的一个载体。当时的情况是一些传统型的企业开始用 App。传统的企业都开始用 App 的原因是消费者的行为线上化,用户很多时间包括消费都在线上完成,因此企业就必须构建自己的线上平台。企业最终的收入来源于用户,而用户愿意把时间花在线上交易上,因此企业为用户提供平台,平台成为企业和用户的一种连接,这种连接包括服务、交易、决策。

商　业　化

做营销

在 2017 年年初,很多人不理解我为什么要做营销,做营销其实是我对中局的思考和判断得出的结果。2017 年 9 月,有投资人说过要做营销,在公司内部实施是 12 月月底。当时有句话叫作:“公司做的这个事,营销公司也想做。”

以我的理解,营销的本质是帮助企业获得可复合收入的能力,让用户为了需求买单,从获客到转化,到交易,到使用户复购。在 2016 年我遇到了一个最糟糕的状态,当时的信息没有获取,出现了认知障碍,认为现在 P2P 技术应该由技术人员使用,其他人不适合再使用,并且技术人员在使用第一方数据的时候会被自己的情怀所影响。

在我意识到这个问题之后,公司层面才开始转变。在之后的半年时间里,我们通过多种方式反复地寻找出路,看财务报表是一种方式,看报告是一种方式,跟行业的专家沟通是一种方式,跟客户去沟通是一种方式。我们不断进行推演,找到最根本的原因。

产品转变

我原来认为从用户点击 App 到 App 为用户提供服务就是完成一次交易过程了。这个想法的局限在于用户的所有行为限制在一个 App 的商品周期里了。一个用户可能通过 App 去完成交易,也可能通过线下,可能通过一个网站,也可能通过小程序去完成交易。这样的话,从用户的角度看,App 只是一个触点。这个时候我们设计产品的理念高度就更高了,我们开始不仅仅局限于 App 了,而是有了一个全局的概念。从 App 开始只是获得了一部分客户,从广告投放开始就可以再吸引一部分客户。围绕用户模型,我们决定开始向前端进行投放。因为我们以前是潜在式模式,所以我们的基础也是比较广的。很多技术我们都会找它们一些本质的相似性,因此对于我们来说,在理解一项技术的时候都会很快去迁移学习过来,于是投放广告这个领域我们也开始了尝试。当然中间还夹杂一些获取分析、营销投放模式,在战略的判断上,我认为我们一直是领先的。

但在这件事上我认为我们做得还不够。企业是需要对文化氛围进行改造的,公司不太擅长营销,但还是坚持把做营销放在主导位上。许多用户仍旧认为我们的公司就是只做 App 产品数据分析的,这个认知现在都没改变。但是,推广之后过去的用户有 10%认可我们的营销文化,这部分用户就相当于漏斗漏出来的。

像北京车展的广告投放,戴森的小城市营销活动,沃尔玛的小城市推广分析,这些都是用的我们的产品。所以我们的用户里面有 10%以上都用到营销这一模块。但做营销的人和做产品的人是不一样的。这是过去商业的运营模式,现在都在不断地调整。要通过公司的能力给用户提供不一样的价值,让用户得到更精确的服务,这是公司接下来要对产品进行切分的原因。

人员变动

在组织方面,我认为因为每一个员工的角色不一样,岗位不一样,部门不一样,所以员工的需求都不太一样;但在以前,公司提供的其实是一样的,是比较混合的。新的处境要求公司重新梳理自身的发展战略,梳理品牌宣传、定位人群、项目规划,以及具体的业务流程。这个梳理在2017年就该做,但2017年公司还面临着生存的压力,公司的收入还没增长,净利润有待扩张,公司还处在不确定的风险之中。为了使公司更好地运转下去,我们没有足够的精力去做梳理,因此这个举动到2017年年底才开始。

公司在2017年年底进行了一次裁员,裁掉了一些研发人员,招聘了一些销售人员。因为当时还没实现营收平衡,资金已经很危险了。作为一个商业公司,有成本周期,有利润周期,当时经营状况并不好。这个时候只能做一件事,就是开源节流。技术是有成本周期的,公司的研发是为明天服务的,但是今天的东西并没有获得一定的利润的时候,再开发明天的东西是没用的。相对而言,公司的研发人员占比是高于行业平均值的,公司只是进行了比例的控制,把过高的那部分调整了。同时,公司的销售人员占比是低于行业平均值的,所以招聘了销售人员。很简单的一个结果就是,2018年,公司在总人数不变的情况下,差不多收支平衡了。而2017年公司曾一个月亏损两百万元,这就说明之前确实存在人员的结构问题。

转观念是第一步,真的去做这件事情是第二步。每个人都是自己招进来的,要去做这个决定是很难受的,无论对我个人而言还是对公司而言都是很难的事情。从公司角度而言就是面临不确定性——把人裁完之后怎么确定招进来的新人能够带来收入的提升。从我个人而言,每个人其实都是有感情的。起初不知道该如何接受这件事,但是凡是创业型的公司都会经历这种事情,于是我就去问做过这件事情的人,问他当时为什么这么做,有一个人对我说:“你是为了对更多的人负责,不进行裁员,所得到的结果是显而易见的,那有可能导致整个公司都倒闭了,所有员工都失业。但是当你选择裁掉一些人的时候,是给更多人希望。”这让我明白了裁员的意义,从而果断地进行裁员。在裁员的过程中,我都是亲自与员工交谈,每次都与两个员工一起沟通。公司对每一个员工都进行了帮助,如赔偿、帮他找工作等,这些事情公司都极力地去做了,尽最大可能保障了员工的利益。

公司2017年也比较困难,主要是靠年轻的CEO撑着。2018年公司发展越来越快,对人才的专业能力和综合素质要求越来越高,所以这个时候不可避免地必须得吸引更专业的人。总有人觉得公司收入越好会越来越轻松,其实并不是这样的,因为每次的快速增长都会造成员工的能力不足以支撑,即员工要不断地去学习、去提升。

诸葛 io 公司全体成员合影(2018 年)

关于公司的未来发展,我认为随着公司数据化基础和经济化基础的提升,诸葛必然要发展成一家 AI 公司。当前公司的进步是基于数据化跟经验的提升,而随着整个行业咨询业务经验的提升,公司会形成一个学习与经验的闭环,然后用 AI 模型去替换人的这种经验,这是公司想要达到的效果。

数据商业模式

数据采集、数据分析、数据处理

今天的商业发展是以客户为主体,以客户价值为导向的。

公司在行业里面注重帮企业去做整体运作周期的洞察,通过帮企业采集数据、建立数据模型、分析数据来实现盈利。这里面公司做的是用行为分析的一个模型帮助企业高效地打通数据孤岛,更好地去做维护工程。

另外就是公司海量的数据处理,数据背后都是非常大的用户量。诸葛的整个平台是一个开放平台,很多行业都会请我们做数据处理。

最后就是公司团队有专业的业务洞察力,对业务的理解可以帮助企业去做好分析。

诸葛三件事

诸葛就做三件事。第一件事,构建大数据平台,而且能把用户的全生命周期管理起来。第二件事,有了我们的产品,不同部门就不需要依赖商业智能团队辅助,能够自主设计完成一些专业的分析。第三件事,允许每个用户实现自动化访问设置,可以实现每个用户访问的页面是不一样的。这在过去要实现还是比较困难的,现在用诸葛的产品比较简单就可以实现。目前教育行业、零售行业中的中小型企业用 SaaS[①] 比较多,而一些大型企业、一些金融类产品,像阳光保险、人人贷、中银、消费金融等,可以选择一部分数据使用我们的产品。

所以总结下来就是公司能帮助 CEO 缩短整个周期,帮助市场降低客户成本,帮助运营提高库存,帮助产品提高用户转化,帮助分析师去阐述一些概念,帮助财务节省至少 200 万元的人力成本,带动企业的营销,从而实现增长。

诸葛让客户更省钱

以前企业上线新产品的模式一般是老板评估,觉得不错,就开始大规模搭建部门,这需要花费几个月的时间,开始研发,又要花费几个月的时间,最后上线维护。而一年下来,企业对这个团队的投入至少要上百万元。

诸葛先帮助新产品结合应用场景,评估需求方案,如果开发新产品的企业有个 SaaS 账号,那么即开即用就可以了。如果该企业需要,那公司就派出专属工程师点对点服务,几个小时就可以使用,接着用几天时间,把这个数据采集下来进行分析,再用几天时间进行交付培训,总共耗时两周左右。这样算下来一年就可以给企业节省上百万元。

当诸葛把这些数据化的场景变成一个模块,用户就只需要进行一些可视化操作,从而做市场、做产品的人就不需要有这些专业能力。诸葛还把一些行业方案,像从找需求到成功付费这样的案例分享给用户。

我们的用户还能依靠诸葛这个大数据平台,去做一些事情。举个例子,比如你在网上看到一个公务员考试,你点进去了发现要 200 块钱,你犹豫了一下又退出来了,之后就会忘掉。诸葛能做的就是针对这些不同的人给他们发不同的优惠券,这样一天能召回十几个人。之前用户要想做到这样,要找技术人员把这些浏览者的名单导出来,然后给分析部门去看看召回的实验效果怎么

---

① 软件即服务(Software-as-a-Service)。

样。有了诸葛之后只需要在线配置一个规则，根据每个人访问的不同时段、不同活动就可以给他们推不一样的优惠券。诸葛最终的目标是给企业提供一个全套的服务，让企业的效益分化成更多资产。这个平台将来会分化成更多的小产品，解决现在因为每个部门整体决策不同而组合在一起效率低的问题。

从营销角度看数据

大数据对于公司来讲是一个核心，公司需要围绕大数据去做客户分析，但是公司如果研究如何做营销的话，会发现做营销的这个出发点是说要跟踪、发现这个客户的轨迹，从客户怎么发现你这个广告到登录你的 App，再到购买，到最后的复购；站在公司营销的角度来讲跟踪客户是事后做的，是客户做完这个事情了，公司再把客户的这个轨迹给描述出来还原，某种程度上要预测、引领。消费者可能是多变的、善变的，当你刚刚把消费者的轨迹描述出来他又变了，那如果公司只是跟踪的话，就相当于比消费者晚了半拍。如果公司在给客户提供建议的时候，是有误导或者滞后的，那怎么解决超前性的问题？

以上描述的是这个产品的核心能力，这是一种解释。回到营销上面，还有一层问题，即行业不同营销关注的点也不同。比如说结构周期长的高客单关注的是消费系统提升，因为线上转换线下再转换交易。比如说价值十几万、二十几万元的东西不可能线上付费的，所以线上更多的是围绕消费系统提升去做的铺垫，这种好的内容才能吸引消费者。

而快消品等一些零售的商品，它们定价很低，可能就几块钱、几十块钱，往往是要多次交易的，因为这些行业的商业模式都会带来很多的客户，不同于高客单的商业模式，这些低客单的行业需要复购，所以再看这个轨迹的时候，它的需求是不一样的。

数据对比

整个轨迹围绕高客单的企业就分析它的前半阶段，就是如何转化它的复购减少它的流失，最终交付的结果就是系统提升，系统提升就是收入提升。但是围绕后半阶段就是要看客户的兴趣点在哪儿，设置好的活动，给他好的优惠，带给他二次刺激，促使他二次消费。在这个层面上来讲的话，企业就可以对比数据，诸葛的产品把数据采集下来之后，企业是可以对比用户群的，因此企业可以知道哪个用户是高复购的，哪个用户是低复购的，高复购和低复购的行为有什么差异，然后企业再来看是不是这个优惠隐藏太深了，导致用户并不知道这个优惠，如此企业就需要进行调整，使这个优惠更加明显。

上面讲的就是围绕企业终极的目标,是要提高收入,提高消费,还是提高复购,根据不同的商业模式使用不同的方法。

公司手上的数据就是每个客户的行动轨迹,要对客户进行区分、分类,知道哪些是高交易的客户,哪些是低交易的客户,哪些是转化的客户,以及哪些是没转化的客户,找出他们的行为特征差异,从而去优化公司的产品设计。

超越数据

以前的数据是一个汇总统计结果,它会从个人的角度出发,从用户出发。但是现在要从多人的角度去组织这个数据,如今天订单总量是多少,收入是多少。公司要找出人为的前后组织关系。大数据中有个词叫后数据,以前有人发现这个问题了,大数据没有因果关系。数据是一种结果,数据并不是一个先言,如果一开始你就是错的,你的策略就是错的话,数据只会变得更糟糕,你只会在局部更糟糕的情况下去做优化。这时你应该要跳出来,跳出来发现商业本质并不是要数据取总来优化,而是你要不断地去对你的客户群加深理解,要跳出去看。你看行业内有很相似的产品,很多是从技术方面入手,但公司是从业务上入手。所以就一定要站在一个更高的位置去看,数据放在局部来讲,它是有欺骗性的,一定要让它跟上层的数据产生连接。

一直以来我的学习观第一个就是要做什么事情,首先要对它有一定的理解,把它拆成要做的几个路径。路径有很多理解方式,第一个就是找到几个人把这个事情给高屋建瓴地点出来。以一本书为例,一本书太厚了,就需要快速去读,然后就是应用,最后缺什么学什么。

战略管理有两个学派。一个是自己知道自己最终是要到哪个山头,那么不管选什么路都要到那个山头。另一个学派叫作“明天比今天更好”学派,明天只要比今天增长5%、10%,比今天好就好,因为并不知道明天的路在哪里。就像戈壁挑战赛一样的,给你一根黄瓜一瓶水,但是你不敢吃也不敢喝,因为你不知道终点在哪里,就不知道什么时候吃喝才能保证自己有足够的体力完成比赛。

目标——增长率

企业掌舵人都会有目标,目标就是增长率,要么是业务、收入这种指标的增长,要么就是企业的愿景和发展前景一片光明。这个事情要分阶段分节点考虑,还有就是对未来进行延伸思考。

有两个案例,分别来自我最喜欢的张一鸣和王兴。张一鸣从今日头条做出抖音、内涵段子、西瓜视频，他是怎么做到的？他是因为明天更好还是因为知道明天的存在？都不见得。我觉得这个本质是围绕着它的边界在延伸，不脱离核心能力。今日头条最初内容上只是文章，后来才有视频。视频当时已经有秒拍，于是张一鸣找到更好的交互体验，更大地激发用户的乐趣，用这些运营的手段和技术让用户找出自己想要的视频，所以抖音背后核心是围绕这个。王兴一直认为自己是百度第二代。百度本质是在匮乏的时候主动寻求搜索，这个时候用户的特点是设备是有限的，时间是花在别的事情上的，在网上花的时间不多，这个叫作用有限的时间主动找自己的需求。但当每个人都在花时间的时候，就是消费需求，所以头条是推送式的。用户在移动设备上获取文字信息，但这个时候获取的文字信息不够，就推动企业做视频应用，之后又发现秒拍效率不高，之后就有了快手。抖音大家看了之后都觉得有意思，是自己想要的，这是边界的延伸。美团最开始做时每天只有一款产品，但是这个本质是商家和消费者的连接，那为什么不由一款产品延伸到更多呢？所以他们又去卖电影票、美食、景点度假门票等一系列的，这个时候它的本质就是低谋利，消费者购买一种产品，企业肯定可以从中找到相关的消费者需求的其他产品。后来再延伸边界，电影票团购，后来把电影票独立出来成立了猫眼，团购变成选座，选座变成独立公司。

我的路径其实也是这样的。在做一件事情的时候，我就可能找到要做的一些事情的边界从而顺势而为。对趋势的理解，对核心能力的理解，糅合在一起就是你现在的目标。这个决定了你的边界，决定了你在哪个边界走。其实就是要融合地去思考，再看边界融合。公司的特点永远是挑战更高，追求更大的价值，并不是做到一定的程度就可以了。

七麦科技徐欢:慢中有快构建大数据服务平台

【企业概况】

北京七麦科技股份有限公司(简称七麦科技)成立于2013年8月,创新工场早期孵化项目,后获得清科创投、天鹰资本等联合投资,是国内专业的移动增长整体解决方案服务商。目前已为近30万开发者、投资人、媒体人提供全球155个国家/地区的移动数据服务,并于苹果官方搜索广告Search Ads(国内一般称为ASM)上线之初,抢先推出ASM数据查询功能。作为移动增长领域先行者,七麦科技率先将人工智能技术与大数据结合,实现AI+BI服务升级,并荣获福布斯、36氪、钛媒体、GMGC等数十家知名平台颁布的行业权威奖项。2016年8月,七麦科技成功挂牌新三板。2017年6月,出版行业内首本专业ASO书籍——《ASO优化道与术》。2017年10月,旗下产品ASO100升级为七麦数据。2018年12月,举办线下千人峰会“NextWorld2018新原力增长峰会暨年度风采奖盛典”。

【口述人简介】

徐欢,2010年毕业于华中科技大学国际经济与贸易专业;2010年8月,就职于广州市邮政局;2011年9月,就职于北京步鼎方舟科技有限公司;2013年8月,作为联合创始人及CEO,创办七麦科技。入选2018福布斯亚洲30位30岁以下创业者榜单和福布斯中国30位30岁以下创业者榜单。现任七麦科技联合创始人、CEO。

【创业心路】

校园、工作与项目

校园经历

华科求学经历对我的人生具有重要意义。在大学之前生活的重心是高考——考入理想大学。进入华科后,我就读于经济学院国际金融与贸易专业,经济学院相关的专业知识,不仅打开了我对商业、经济的理解,更强化了我对数字的兴趣。在华科期间,我也参与了丰富的社团活动,曾是校学生会干部,校学生会礼仪队、校啦啦队等的一员。

虽然华科位于中部城市武汉,与北上广深的高校相比,学生所面对的选择较少,但这也为我们带来了优势。一方面,较少的选择培养了学生务实的精神,大部分华科学子会非常珍惜、非常诚恳地把握机会,也愿意脚踏实地、一步一个脚印地做好本职工作;另一方面,较少的选择也避免了学生滋生投机取巧的想法,使学生更加关注个人职业发展。很多时候选择多并非一件好事,这一点我深有体会。比如北京、上海的毕业生有时会因为解决户口、增加工资等机会频繁跳槽,忽视了工作对个人成长的影响,从长期来看得不偿失。

总地来说,华科四年生活使我受益良多,帮助我在创业的道路上不断前行。

首先,华科锻炼了我的能力。第一是综合能力。包括沟通能力、社交能力、理性分析能力、抗压能力,还有对情绪的掌控能力之类的。第二是自觉学习的能力。华科教会了我一个道理,即你所经历的和所学习到的都是未来会为你所用的。在华科,没有老师逼着学生去积极拓展和学习,但绝大部分同学都主动参加学术讲座、修双学位、参加第二课堂等。这些行为源于学生自身的忧患意识或者说职业规划。第三是对数字的敏感。作为一个理工科比较强势的学校,华科学术氛围非常浓厚,而我所就读的经济学院也十分强调理性思考,重视对学生数字敏感性的培养。学校教育在我后续创业过程中帮助很大,尤其是对于我从事的行业和领域而言。

其次，华科培养了我的心态。四年的生活中，不管是学生会还是出国、保研、学生干部的竞争，我一直是在跟男生竞争，同时不会因为自己是女生而获得自身能力以外的更多的机会。因此，我在毕业后进入互联网这个男性居多的行业前就已经做好了充分的准备，勇于面对各类压力和挑战。我认为性格在创业这样一个命题下被放大了，变得非常重要。因为你的角色其实时时刻刻在发生变化，有的时候需要你充当的是一个投资人的身份，而下一个时刻就需要你充当 CEO 的身份；在团队都有很大压力的时候，你又要变成“保姆”，要安慰大家说“团队特别好，没有问题往前冲”。

最后，华科给我提供了丰富的校友资源。当初我进入创业工场本身就是因为校友的关系，当然这是后话。

工作经历

大学毕业后我通过校招进入广州市邮政局工作。这是我人生第一份工作，它带给了我很多——有机会参与 2010 年广州亚运会这种国际性的项目；在广州这座极具包容性的城市里认识很多有趣的朋友；友好互助的同事关系帮助我适应学生到职业人的角色转换。

2011 年 8 月，毕业一年的时候，我对自己这一年的收获做复盘，发现随着对工作内容的日趋熟练，自己开始进入一个舒适区，进步也放缓。于是我做出离开的决定。

2011 年，我经历了人生非常重要的一个转折点。在学校的时候我在校学生会比较活跃，也收获不少好朋友，其中一位朋友在移动互联网行业工作，跟他交谈之中我了解到了创新工场及移动互联网。其实创新工场是 2009 年成立的，2011 年时规模和影响力都比较小，但看到李开复先生在社交平台上发布的工场项目或者生活情况照片，我觉得自己的激情一下子被点燃了，这就是我向往的生活啊！我觉得移动互联网是真正让我感到兴奋的，移动互联网是我未来想做的事情。感谢校友的推荐，我也成功拿到了工场的面试邀约，并最终拿到录用通知。于是我毅然决然地从广州奔赴北京，开启了“北漂”生活。

项目经历

创新工场在早期的时候采用“孵化＋投资”的运营模式，因此会对创业项目的介入度比较深，比如说招聘。当然现在，工场已经转型为非常专业的 VC 投资了，不再开展项目孵化的工作。在校友的推荐下，我进入了工场的布丁项目团队。这个团队当时负责布丁电影票项目，当然现在已经搜不到了。简单来说，这个项目算是现在猫眼电影的前身，或者说在猫眼还没有开始做的时候，我们就开始做布丁电影票。当时我们对接了全国1000多家电影院，为他们提供团购票、选座票的线上解决方案，包括金逸、万达都与我们有合作。那个时候我们的团队有十余人，我主要负责市场推广、用户增长这个领域。

布丁电影票起初发展得还是很不错的，我们的出票量很高，同时整个团队的运作情况比较理想，有技术开发、商务谈判、客服团队等，可以说是麻雀虽小，五脏俱全。但是随着时间的推移，具有雄厚资本的互联网巨头开始进入市场，比如说美团把它的团购电影票这一部分独立出来成立猫眼，微信也开始宣布关注电影票这个领域。巨头们抢占市场的方式就是大肆的补贴。用户本身买这个票可能花30元、40元，结果他们一补贴，用户可能花5元，甚至不花钱就可以看电影了。理想是美好的，现实是残酷的。

在此情况下，我和我的团队开始思考布丁电影票未来的发展。当时我也与布丁的CEO、现在七麦的董事长徐磊，以及李开复和汪华等一些前辈交流，他们认为布丁电影票是一个以小搏大的项目，问题就在于这样搏是不是搏得动，是不是划得来。同时，我们也逐渐认识到电影票是一个很重要的O2O[①]领域，适合有巨大资金背景或者有巨大流量背景的公司去做，比如说他可以不花钱就获得用户，或者说他可以补贴，“烧钱”无所谓。而对于我们来说，流量要靠自己推，补贴要靠自己砸钱；更重要的是，我们又没有延展的一些业务来对冲。于是，我们最终决定把布丁电影票这个项目卖给微信电影票，也就是当时的微影时代。

创业开启

踏上征程

布丁电影票项目被微信电影票合并后，我一直在寻找新的项目与机会。后来，徐磊就推荐我进入布丁其他两个项目组。其中一个就是现在七麦的前身，当时就五六个人的样子，研究推广增长相关的业务。

因为我本身对数据非常感兴趣，加上在布丁电影票项目时也在主抓用户

---

① Online to Offline：线上到线下。

推广增长，我知道这个领域有很多的痛点，且开发者需求非常大。于是我跟王东等核心团队成员接触后，便毫不犹豫选择加入这个团队，并有了后续七麦的故事。

当时团队里的几个人非常年轻，其中有两个是大学生实习生，虽然没有经验，但大家十分团结，非常拼，加班是常态。关于七麦名字的来源，很多人都好奇。之所以叫七麦，是因为我们当时一共七个人参加创业，而且我们希望我们虽然年轻，但仍能像小麦一样脚踏实地，一步步地熬下来、活下来，最后才能证明自己价值。七麦代表着团队合作、脚踏实地、拼搏的精神。

产品策略

七麦的商业模式在公司刚刚起步的时候就有一个比较明确的方向，即为移动互联网创业者提供产品增长方面的专业服务。主要原因有两个方面，首先是市场有需求。2013 年 App 创业达到了一个峰值。这个时候所有的人在忙着做 App，所有人都在忙着说“我有一个 idea，我要把它做成 App”等，但很少有人在考虑我怎么样去获取用户，我怎么样能把这个 App 真正推到目标用户当中。其次是市场没供给。当时除了传统的广告公司，所谓的立根于互联网，而且还能知道互联网创业者的需求是什么的纯新型的推广公司几乎是没有的。总而言之，我们当时抓的这个痛点就是创业者很多，但是就解决创业者需求的所谓服务者很少，而且尤其在增长领域，几乎是空白的。于是，我们确定出了这样的一个方向之后，团队内部一拍即合。

然而在七麦刚起步的时候，增长推广领域对于开发者来说是深水领域，由于数据缺失，开发者很难知道背后规律，例如今天一万块的推广费带来了 1000 个用户，明天也是花一万块钱，结果带来 500 个用户，没有人能告诉开发者为什么打了个折。另外，很多公司不能理解这个 App 的意义是什么，因为他们都属于传统行业，他们以前服务的客户大多数是实物，比如说一瓶水就应该卖给想要喝水的人，他不能理解一个 App 就提供资讯，不知道它的目标用户是谁。所以产品增长服务一定要解决专业性和透明度的问题。

为了解决这个问题，我们团队确定了数据导向的产品思路，即让数据、事实说话，让推广的计划、方针、过程变得有流程，有依据，有记录。同时，我们贯彻利用专业 App 领域认识与企业共同成长的思路，不断引导用户，深入服务用户。我们一直鼓励、帮助创业者理解 App 的战略价值和商业逻辑。因为我们以前是做 App 开发出身的，我们从 App 出发转型去做服务者，我们特别能理解 App 为什么这样设计。因此，我们现在给很多创业者服务的时候，都会给他们 App 注册页面优化、整体布局等问题提供建议，这些附加服务对用户而言非常宝贵。同时，我们非常重视 App 用户反馈，并把这些数据及时反馈给创业者，这样的建议才让开发者觉得你是专业的，你是真正去为他们考虑的。

用户策略

在目标用户选择方面，我们采取了“积跬步，至千里”的战略。具体来说，我们刚开始创立的时候，我自己很清楚找 BAT[①] 合作几乎不可能，因为 BAT 会觉得七麦这样做企业服务的公司成立时间不久，也没有什么市场背书或者品牌背书，我为什么要跟你合作？所以早期我们对于我们的目标用户全部定位是创业公司。

2013 年至 2015 年，七麦一直在服务小型或者刚刚起步的创业公司。虽然服务这些创业公司利润很薄，用户需求很多，但收益也是客观的。当然，这些收益可能不是经济收益，更多是品牌收益。因为我们先做创业者，把口碑做扎实了，我们可能服务了 1000 家创业公司，最后有 500 家、300 家真的变成了中型公司，它们走到了 A 轮、B 轮、C 轮，因为我们在天使轮就一直陪着它们，它们其实是认可我们的，不管是出于回报也好，还是说出于信任也好，后面它们会继续找我们合作。

另外，在服务用户方面，我们一直以非常严格的要求管理客服团队。在早期我们服务创业公司的时候，有些用户会有一些苛刻的要求。举个例子，经常有开发者说：跟苹果公司联系不顺畅，要我们指导一下；提交给苹果公司审核出了问题，帮忙看一下代码是不是有问题；在申请软件注册的时候不太顺利，需要看一下；等等。对此，我给所有的团队的要求是“全天候、不间断”，就是只要用户提问题就必须回答，不管是跟我们业务相关的，还是不相关的。同时，我们内部培训的体制非常完善，团队成员对 App 所有的相关知识必须要了解。只要用户问了问题，不知道的要去查，去问别人，必须得查到，要回答用户，不能让用户问问题没有回应。

2016 年年底，我们的用户策略初见成效。因为前期数据的积累和事实的背书，我们开始服务腾讯、京东、美团等互联网巨头。2018 年我们还拿下了天猫、淘宝的合作。所以毫不夸张地说，现在国内每个 App 垂直领域的 TOP20 企业中，都有企业在享受我们专业的咨询服务和推广服务。

---

① 指百度、阿里巴巴、腾讯。

企业文化

七麦的企业文化就像它的名字一样，我们强调协作、努力、勇敢和坦诚。其中，第一就是努力。七麦崇尚努力，在这里努力一定会得到回报。第二是团队合作。七麦不要个人英雄主义者，一定要团结协作，抱腿抱团往前跑。第三是要勇敢，在新的机会、新的发现面前不要着急“say no”，要抱有好奇心，因为你看不懂的时候，与其否定它还不如认认真真地去观察它、拥抱它。这样你才有可能不断地进步、创新。最后是坦诚，我认为信任是非常重要的。不管是公司早期员工的股权分配，还是公司的一些重大决策，我还是坚信一点，就是要将心比心。我愿意跟团队很真诚地去沟通问题的解决方案。我们走到今天没有出现过员工和公司的重大纠纷问题。因为对待员工这方面我们是十分坦诚的。我觉得能用钱解决的问题就不是问题。当然，发展至今我们的团队也有部分人员因为私人原因离开。准确来说我们早期七个人有两位同事离开。一位是实习生，因为学校毕业要求回到杭州；另外一位回到老家沈阳去过另外一种生活了。

七麦科技 5 周年，全体成员合影留念

对这点我想再强调一下。创业至今我一直问自己：七麦为什么叫七麦？不是因为说我徐欢让它叫这个名字就是这个名字的。包括我现在对别人说我叫麦姐，不跟别人说我叫徐欢，我是七麦的一个形象代表。七麦的名字背后意义就是团队，当时如果是八个人有可能就叫八麦了。但是我们想象如果十二个人的话，十二麦这个名字有点难听。七麦，代表这七个人少了谁都不行。所以今天的公司的企业文化也是这样子，团队很重要，团队内部充分信任，充分沟通,尤其是面对重大决策的时候。创业这件事情,绝对不是说一个人干这件事情就成了,没有谁是不可替代的,没有谁是绝对正确的。在团队内部我也说过,我有错的地方任何人都可以直接说出来。这就是我们七麦的文化基因。

2019 年七麦家狂造大会

创业感悟

回顾这几年,七麦发展经历了三个阶段。

第一个阶段的关键词叫无畏。记得我们刚刚创业的时候只有七个人,我现在还记得当时自己在徐磊和投资人面前打包票的样子。如果说把今天的我再放在当时那个位置上,我可能不敢说这样的话。我觉得真的是无知者无畏,那个时候我敢说我一定能把七麦做出来、我一定能把七麦带出来,我现在可能没有这样一个夸下海口的气势。就这种无畏让我们继续坚持,让我们觉得肯定能成,一定能成,七个人一定能做出事业来。我们也在不断地想办法,抓到一个机会就贴上去了,就不放了。当时我们抓到了推广,抓到了做大数据的机会,真的就是不敢放手,就一定要做。正是因为无畏,我们七个人才能坚持到了现在。

第二阶段其实是危机。因为第一个阶段中 2015 年、2016 年确实是我们增长速度非常快的阶段。在这个阶段,我们收到赞誉,也收到一些唱衰,尤其是业界也一直有对移动 App 的未来唱衰。我们也一直自己提醒自己要有危机感，不能永远只盯着自己眼前的蛋糕，要想五年之后的蛋糕在哪里。所以在这个过程中，我们一方面在快速地奔跑，一方面也在迭代创新。这就是为什么我们在 2017 年推出了一个新的迭代，这个迭代是做了品牌升级，做了数据产品的一个补充和一个战略的提升。我记得我们投资人当时开会的时候说我们自己去否定自己的勇气，让他们挺吃惊的，问我们做移动 App 增长速度挺好，为什么要尝试几个新的数据模块。我的答案就是居安思危。这一点也非常感谢创新工场的支持。这两年创新工场一直在研究人工智能的技术，但其实真正应用人工智能技术的投资公司并不多。我们一直和创新工场的人工智能研究院有着密切沟通，这些数据我们想要应用看看。我们也去试错，包括不停地在改版。所以我觉得第二个阶段，正是危机感让这个团队在考虑思辨，在考虑变化。

我觉得第三个阶段算厚积薄发。我们现在整个发展路线要比前几年清晰很多，我们会知道路径在什么地方。除了去追求数据的厚度和产品的丰富度之外，我们还需要拿出业绩来证明团队的价值，要向投资人证明我们团队是有造钱能力的，是一个非常棒的经济体。我们对自己的定位还是比较清晰的。这就是为什么我从来不跟投资人去吹，比如我们今年用户要做到多少、今年发布会要做多少场，或者品牌怎样升级。我只跟投资人承诺一件事情：这样的一个利润我今年一定能够做出来，明年我一定能做出来多少利润。这个利润背后意味着要做哪些业务升级，团队配置要去做怎样的革新。这些是这个团队要自己去消化解决的。

Ping十十金亦冶:快速试错解决企业移动支付

【企业概况】

上海简米网络科技有限公司(Ping十十)成立于2014年9月30日,是一家为移动App提供支付SDK的公司。通过提供入网申请支持、支付SDK、交易管理平台,让开发者接入微信、支付宝、银联、百度钱包等主流支付渠道。Ping十十是一个帮助移动应用快速接入支付渠道的工具,它主要提供这几部分服务:入网申请、支付接入、交易管理等。公司通过三年多努力完成了从"交易的管道"到"交易的引擎"的突破,成为To B的服务型企业,在进行"无现金"城市的建设中,可以为企业提供各种技术及定制化的解决方案,让平台的搭建更加便利。这将帮助更多企业解决在线支付的后顾之忧,进而使得企业能够迅速进入移动支付的时代。2014年,获得红杉资本和线性资本A轮投资;2016年,获得由宽带资本领投的千万美元B轮融资。

【口述人简介】

金亦冶，2008年毕业于华中科技大学光学与电子信息工程专业（本科）；2012年，毕业于斯坦福大学电子工程专业（硕士）；在硅谷读书期间创业一次，提出“众包交通地图”的理念；2014年，创立了Ping++并担任CEO；2015年入选福布斯中国30位30岁以下创业者榜单；2014年至今，任Ping++CEO。

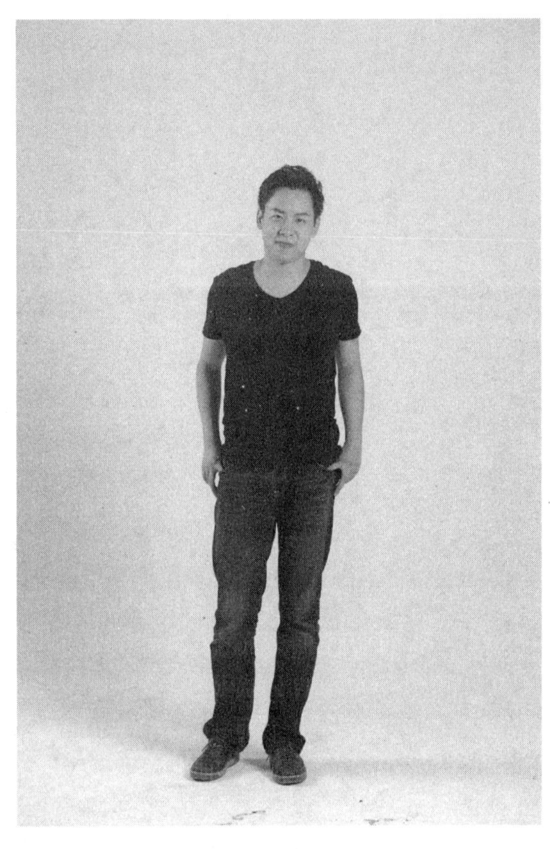

【创业心路】

学习经历

华科学习

我觉得我在华科应该算个好学生,但不算特别好的,光电学院厉害的人太多了。我身边的同学可能会因为拿不到一百分而流泪痛苦,但我可能从来没想过要拿一百分,他们的加权平均成绩甚至比我所有科目中的最高分还要高,这种“学霸”对于我来说就是神一样的存在。所以,虽然我自己之后在美国读书时也发了很多论文,但我始终不认为自己是这一类“学霸”学生。

我觉得人生重要的四年在华中科技大学度过是很幸运的。华中大作为一所以理工科见长的综合型高校,让我在本科阶段就锻炼出缜密的逻辑思维能力;同时学校注重培养学生实践和动手能力的氛围,使我有很多与社会接触的机会,这帮助我很好地了解真正的商业化运作模式及商业环境。

我属于比较早就知道自己想要什么,并且能十分专注向目标前进的一类人。在本科读书的时候我就想出国,目标很明确,所以很早就开始准备,很从容地安排自己的时间,等到周围的同学都慌忙地准备考试的时候,我已经考完了。因为想得很清楚,所以也放弃了很多东西。我大学一有空闲时间就学习英文和专业知识,同时自己也比较喜欢运动,在美国就常常去打球,并且到今天为止一直保持每天健身,每周打篮球,这些良好的生活习惯都是在大学期间养成的。遗憾的是,学校里面很多活动我是没有参加的,像机器人大赛、社团活动等,我从来没参加过。由于几乎不参加什么社团活动和学生会活动,我慢慢就产生一种孤独感,但是这种孤独感也塑造了我的性格。现在我觉得其实人是需要一些孤独感的,就像晚上一个人在公司加班是很孤独的。

学校对我的支持和帮助还有一点来自于 Dian 团队。Dian 团队的创始人刘玉老师对我现在创业项目的启动及后续的投资都起着很大作用。我回国后加入的第一家创业公司就是刘玉老师介绍的,并且我刚开始打算创业时的投资人也是刘老师介绍的。在创业的早期,刘老师给了我很多无私的支持。

Dian 团队已经建立 15 年，从中也走出了不少年轻的企业家，在这个团队中不仅能收获很多“干货”，也可以得到很多宝贵的资源。

光谷和硅谷

光谷只有十几年历史，而硅谷经过了 40 多年的发展才有了今天的影响力，因此光谷和硅谷的差距确实是存在的，盲目地将二者对比对光谷来说并不公平。

从我的个人求学创业经历来看，华中大在国内高校中很有竞争优势，它能够像斯坦福一样为光谷建设提供源源不断的人才。从这一点上看，在人才储备的作用方面，华科对光谷相比斯坦福对硅谷应该是旗鼓相当的。但是，武汉需要加强资本活跃度。从我自身经验来看，武汉需要树立几个标杆性、明星级企业，这些企业对于武汉网聚人才、形成示范作用都很有价值。

斯坦福学习

斯坦福的创业氛围十分浓厚，学校里很多上课的老师、客座教授，都是以前上市公司的 CEO 或者是一些非常大牌的投资人。很多在硅谷一带有能力又有资源的人，他们会在斯坦福教你怎么去做。这种经历是非常宝贵的，也是非常难得的。因为学校正好在硅谷，具有天然的优势，所以我们的每一门课，除了教授来给你上课以外，基本上都会邀请很多产业的人来做分享，有时也会请一些 CEO 来分享。那么这时候我们就会有很多不同的理解，这些行业的人对学生的影响比较大。

我记得当时有门编程的课，就是写代码的，最后这门课的课程设计叫社交网络，主讲老师就是 Facebook 的创始人，他过来讲了一节课，用一上午讲社交网络的特点是什么。这种东西他讲的和别人讲的是不一样的，因为他做出来了，做出了一个全世界最大的社交网络公司。还有一门课是图像识别，跟拍照片一样，教你怎样处理让图像更好看。当时那门课程的顾问是好莱坞的一个著名导演，他就来讲电影里面怎么去运用这些特效。这门课结课的时候，老师就说，前年有个学生因为学了这门课，然后做了一个 App，就是 Instagram，下载量非常大。通过这样的课程学习，你会发现你学以致用的能力特别强，会发现电影工业和你的课本之间没有那么远。

当然除了这些行业的人厉害之外，我们的教授也很厉害。当时有一门课是讲芯片的，教授之前在英特尔工作，退休之后来教书；还有一门课是数据库搜索，当时的老师是谷歌创始人的导师，也是谷歌的天使投资人，他就来讲谷歌当年是怎么做的。

学校里面会有这种文化其实是非常难得的,学生会发现可以学到工业最先进的东西,这跟课本上是完全不一样的。如果只关注课本,老师讲得再好也教不出来这种现实的人才。老师会把知识进行总结,但是归纳更新和实践之间还是有一些差别的,如果能结合起来那是非常好的方式,这是知识和实践的结果。

我觉得我到斯坦福之后,真正读书的时间并没有那么多,反而花了很多时间去旁听别的课,去了解工业界,了解一个知识怎么变成工业品,这个过程中其实有很多东西是难以在学校里学到的。我们那时候还有课专门讲怎么做市场营销,怎么做品牌包装。还有演讲的课程,教你如何做公开演讲,老师以前是乔布斯的助理,专门给乔布斯做演讲训练的,他说乔布斯当时能做那样的一个发布会,是经过长期训练的,并不是天赋。乔布斯讲一个小时可能需要500个小时甚至更长的时间去准备,甚至一些自然的、灵机一动的东西,都是训练出来的。还有一些课程教我们如何进行VC交流。有些人很聪明,产品也很好,但不擅长交流。你不知道别人需要什么,你找不到那个点。其实这很正常,投资人时间有限,精力也有限,能力也有限,如果他无法在10分钟内听到他想听到的东西,可能就不会投资你。这门课会教你怎么做投资,怎么做交流。还有一门课程教你怎么从零到一去做一个产品。学校里有很多这样类似的课程。

我记得我当时常常去旁听这些课程,美国可以随便旁听,因为你选课不一定选得上,选不上然后你想听的话就可以去听。我当时在斯坦福的时候也不想继续读书了,所以GPA① 对我也不重要,我就去旁听想听的课程。当时学校很多人都去旁听,我觉得还蛮有意思的。

回国创业

发现移动支付的机会

当时在创业公司做了一年半后发现做不下去了,本来我是想待得更久一

① Grade Point Average,通常指平均学分绩点。

些的，但是后来做得不是很顺利，正好又看到一些机会，然后我就想自己出来试一试。现在倒回来看，其实我们能到今天，是历史选择的结果，不是因为我们多么聪明。

那个时候我感觉到移动支付可能会是未来趋势，但当时不是很明显，只是我的感觉。后来移动支付的确发展起来了，而且就是在2014年年底发展起来的，所以我们在做这件事情的时机上刚好比市场领先了半年到一年的时间，但也没有领先特别多。如果我早出来一年半可能就“死”掉了，晚出来一年半可能就轮不到我了，这就叫运气好，这也是为什么这个赛道我们做得最大。

中国直接跳过了信用卡时代，进入手机支付时代，这是一个很大的机遇。这一背景对推行“无现金城市”是利好的。首先，Ping＋＋已经服务了一万多家企业，我们有很多成功的案例可以借鉴，有很多经验可以运用到“无现金城市”建设中。其次，Ping＋＋通过三年的努力已经完成了从“交易的管道”到“交易的引擎”的突破。我们是一个To B的服务型企业，在进行“无现金城市”的建设中，我们可以为企业提供各种技术及定制化的解决方案，让平台的搭建更加便利。这将帮助更多企业解决其在线支付的后顾之忧，进而使得企业能够迅速进入一个移动支付的时代。若企业能应用并适应“无现金”的支付方式，那么整个城市的无现金化速度将会极大提升。所以，我们Ping＋＋可以成为建设“无现金城市”背后的推手和引擎。

选择被遮蔽的人才

其实，我在做硬件产业的时候已经积累了很多对这个行业的理解。那个时候，真的有人会去赏识你，愿意给你机会。其实我们开始创业的时候投资也挺多的，别人一给就是几百万元(天使轮)。正好身边又有一群同学朋友，早期团队建设几乎就是“骗”，各种“忽悠”。我比较喜欢选择那些对现实有不满的、优秀的，但是才华被埋没的人，因为这种人是有爆发力的，所以我们当时选择了很多并没有闪光的、被遮蔽的人才。

我4年前(2014年)刚到上海，当时租房子只租了半年，当时我就告诉自己如果不成功就回武汉，其实我那会儿是觉得有这个可能的。回想当时的自己也是挺落魄的，回国之后也有压力，看到身边的同学朋友都工作得很不错了，就会很焦虑，就会反思自己之前都做了些什么。来到上海，几乎没有认识的人，在陌生的环境从头开始。其实很多东西依旧还是靠运气来的，没有很好的准备，没有隆重的开端，就是想尝试，也没想能成，结果一搞就是4年。

关于技术的研发，当时我们其实想得很清楚。由于我懂些技术，因此当时在产品的早期设计上也想得很清楚，做完之后，就希望有人能来完成和验证。

我们的团队以 90 后为主，现在公司不到 100 人，我觉得我们一直要保持在 150 人以内。据说超过 150 人，人类的社交瓶颈差不多就会出现，组织就需要强大的管理文化和组织能力。我想一直控制公司的规模在 150 人以下，因为超过 150 人，就要分成一个个小公司，就要分成很多很多庞大的部门。现在其实蛮开心的，人少，我可以认识所有人，尽管作为 CEO 但可以跟所有人聊天。

阶段性发展

我们公司每一年会定一个目标，2014 年定的目标其实叫验证。我们觉得最重要就是验证这个商业模式是成立的，验证这个市场是真实存在的，验证这个客户群体是有价值的，验证我们的产品是大家愿意接受的，这就是我们当时整个的落脚验证。我们看得更多的其实是客户的反馈，因为我们一直认为我们所有的事情都是获取反馈，而不是研发一个产品，所以我们 2014 年做的很多事情是不断去获取客户的反馈和市场的一些声音。

2015 年我们的口号、主题叫增长，就是当你去验证好市场的时候，你要证明你是可以高速成长的。2015 年我们整个交易量从年初到年末翻了 20 倍，我们的增长速度非常快。到 2015 年年底的时候，我们大概一个月能达到几亿元的交易量；发展到现在，几亿元的交易量对我们来说是一天的交易量，所以说我们的成长是非常快的。我觉得增长这件事很重要，首先证明这市场是有很大的空间的，然后证明你的团队具备去承担这样一种成长的能力，就是团队能够承受住这样一件事情。

2016 年我们提出的目标叫商业化，开始做收入和商业模式。因为基本上第一步、第二步走完之后，第三步就是商业化。但是我们 2016 年其实做得不好，我们 2017 年一直在为 2016 年的战略失误买单。我觉得战略失误就是太年轻，所以说最后能够成长还是要通过犯错误来达到。做正确决定会增加你的信心，但真正能够增长知识和智慧的应该是错误决定，做了很多错误决定之后你才知道什么是做不成的。我们在公司幼年做的这个错误决定，即我们觉得我们产品做这么好，肯定会卖得很好，但其实并不是这样子的。这可能是因为当时我们没有很重视我们的商业团队，这可能也是研发型团队的一个天然劣势。

酒要卖出去并不是所谓酒香不怕巷子深，而是需要吆喝的。你要去推广，这就需要强大的销售团队和市场团队。我们那时候不太重视这块，所以发现商业化在 2016 年做得并不是很顺利。所以，我们 2017 年就改进，去调整策略，我们 2017 年整年都在做调整。我认为我们真正调整好其实是在 2017 年的下半年，到现在公司按照调整好的状态在继续发展。深圳布点是在 2017 年，其实我们 2016 年开始在深圳和北京有办公场所，但一直都不是很好。经过这么长时间之后，现在已经很稳定了，我们现在在上海、深圳都有很强劲的团队了。这是我们当时很大的教训，这也是像我这种从华科这样以理工科背景为主的学校毕业出来的创业者很大的短板，主要就是没有商业知识，所以可能我觉得华科学生都应该去管理学院读个 MBA 之类的。

我们现在每天交易量是几亿元，每年的增长在七八倍，当然我们还可以更快一点，我们希望今年能比去年翻个七八倍。今年翻七八倍的话，我们应该可以做到千亿交易量；明年再翻个七八倍的话，估计能往万亿去冲。当然开玩笑，不会一直这么翻，这里面还有些客户是你很难做下来的，比如阿里系、腾讯系，他们肯定不会来用我们的服务对吧，所以这里面还有些市场是我们永远“吃”不下来的。我们能“吃”的无非是一些细分的中小市场，这些市场其实是有天花板在的。当然我们现在还远远不到天花板，所以我觉得我们再翻个 50 倍还是有机会的，但可能不是两年，可能是三到四年。

盈利一块钱

2018 年我们的既定目标叫挣一块钱，就是盈利一块钱，因为之前一直有风险投资，所以其实我们之前每年都在亏损，但我们的亏损在逐渐缩小。所以我们 2018 年的目标就是盈利一块钱，只要盈利就好了，我们不要盈利很多钱，一块钱就好了。

为什么我们只要盈利一块钱？其实我们和电商还不太一样。电商虽然不盈利，但是由于可以压供应商的钱，可以有现金流，所以电商其实在短期内可支配的现金储量是很高的。然后把这笔钱存到银行里面，或者去放贷，那么这时候他的可支配现金的体量是非常大的，这跟亚马逊是一样的。亚马逊现在估值这么高，贝佐斯都超过比尔·盖茨成首富了，其实他的盈利一直很差，他的盈利十几年来一直很少，但他的规模越来越大，原因就是他的现金流非常充沛，最后他可支配的钱非常多，其实这也是我们希望达到的境界。后来每一年我们只要盈利一块钱就好了，但是我希望能把体量变得足够大。

单位时间解决一个问题

我可能花在思考问题上的时间比较多，我们开会经常吵架，比较讲实质，讲本身问题，讨论到底什么是核心问题。我们单位时间内只解决一个问题，不要想一下子解决很多问题,公司不可能解决所有问题。其实用发展的速度来掩盖或消化问题是最好的方法,当你发展的速度慢下来的时候,很多问题是你无法解决的。中国一定要保持高 GDP 增长是有道理的,因为只有在增长过程中,才能消化很多问题,公司是一样的道理。降速之后,很多原来不是问题的问题也会变成问题,到时候会发现根本解决不了。像公司能保证每年翻十几倍,二十几倍,这些问题都不是问题。最后核心问题还是发展,如怎么让公司去高速发展,怎么去解决这些核心问题,怎么在单位时间内对一两个问题进行单点突破。

核心问题单点突破

我们今年能走到这里,第一,成本不能有太大的增长,所以我们对成本是有控制的。不仅是招人方面,日常运作过程中我们对花的每一分钱都很认真。我们会不断地问花钱部门,或者问这些负责人,你能不能花更少的钱去办同样的事情,或者说花同样的钱办更多的事情。我们去年花了一两个月去讨论怎么把每一个成本都降下来。第二,怎么去赚更多的钱,怎么让客户进来,让客户愿意付钱给我们。这样算下来,才是怎么赚一块钱。所以我们就是找到了问题的核心,然后单点突破。我们每周会去看我们的预测,就是我们做到的事情和我们预测的事情是不是一致的,不一致是什么原因,是变得更好还是变得更差了,然后及时调整。

从犯错中学习、成长

一个创业公司本质上是一台学习机器,它会不断地学习,不断地去纠正。不可能说我今年年初想的东西到年底还能执行,市场环境不容许你这么做。但是,有了预期之后,我可以快速地去验证。如果每一周我们都做一次改变,一年可以做 52 次改变,这个速度非常非常快。我每天下班的时候,公司运营日报就会发到我的手机上,今天发生的所有事情都能看到,今天的发展是好是坏,我就可以马上去问负责人,“诶,怎么回事,是不是过几天就好了”,“这个事情是偶然因素导致的,还是有一些苗头出现了”。这样就能激发大家去发现问题,发现根本性问题,这其实蛮重要的。

我觉得我的学习主要来源于犯错,我觉得我犯的错远远多于我做出的正确选择。我的改变不是方向性的改变,也就是说不是今天这样走,明天那样走;而是大的方向不会有所改变,但具体的实施路径会调整。我们当时做了很多错误决定,比如用错人、开发错产品、投入错的市场,但是这都是没办法的事情，没有这些错误，也不会进步。这些错误不是致命的错误，所以我才能走下来，我们到今天没有发生过致命的错误。

有些错误是到了很危险的时候我们才把它遏制住的，我觉得我们没有发生特别致命的错误，是因为公司文化有一个很强的纠错能力。如果一个企业发生了致命性的错误，最后还无法纠正，只有一个原因，就是这家公司特别独裁，CEO性格特别古怪，然后孤注一掷、一意孤行，这种情况下才可能走到一个死胡同里面去。我认同创始人不一定是CEO这种做法，Google的创始人其实是10年之后才当CEO的，之前一直是请了一位职业CEO。我不拒绝，但我觉得这里面其实有着很大的风险。一家公司是有着它的使命、文化和基因的，而且基因其实很早就种下来了。你要找这么一个人，延续这样一个基因，扛起这样一个使命，并且走出来，找这样的人其实很难，也就是说我认为一家公司的CEO最重要的能力不是他的管理水平和经验、行业资源，因为这些都是可以从外界获取的，最重要的是他内心的热忱。也就是说对于这个事情我可能不专业，但是我愿意每天24小时都想这个事情，我就比那些专业的人一天只想8小时要牛。另外，我可以很无私地去奉献，哪怕我干了4年，最后什么都没有，我仍然愿意接受，但并不是所有人都愿意，重要的还是热忱。

我们公司里面有这样一群人，他们认定这件事情，可能有人拿两倍三倍工资挖都挖不走，他觉得这是他自己的公司，他觉得他愿意为此而奋斗，我觉得这很重要，他有这种热忱在，这种热忱其实是最难被考核的。我们公司从不要求大家加班，但是下了班之后还是有很多人在，经常晚上十一二点还有人在办公室。我们的目标达成是很明确的，在过程中，我们也会及时去做检查。比如一个项目我们一个月之后交，我们会列出一个月的时间表，除此之外我们每一周会定一些检查，比如说第一周要干到什么程度。我们会设置很多里程碑事件，然后去检查这些事情。我们一般是先紧后松，假如我有两个月时间做完一件事情，我宁愿一个半月搞定，留两个星期冗余的时间，这是我做事的风格。我做事不喜欢留到最后一分钟，这是我从小的习惯，我从来不喜欢临时抱佛脚。

精益思维：四步循环法则

“汽车驾驶式”的产品开发思路最后变成方法论，就是“假设—开发—验证—认知”四步循环法则。所有的产品，都是从一个概念开始的，这个概念就是一个假设：打算为谁解决什么问题？谁是目标用户？什么问题是产品价值？而失败的产品都是从“我想做一个产品”的灾难开始的。

第一步,假设。很多人也许会抱怨精益思维没有什么了不起,这不就是敏捷迭代吗?这里面最大的区别在于,精益思维的世界里"假设"完成后不是马上进入"开发",而是反过来,从"假设"先到"认知",基于这个假设,一个循环结束后,你希望学到什么。然后从"认知"再到"验证",为了学到这个认知,你打算评估什么指标。最后是从"验证"到"开发",为了评估这些指标,你打算开发什么。反向逻辑可以避免精益思维使人常犯的错误——一旦开始往往忘记了为什么出发,很快会变成为了开发而开发。2014 年,Ping++ 的第一版不是做聚合支付,而是做无卡绑卡支付。当时团队没有研发人员,于是我们假设了企业对于无卡绑卡支付有需求,然后推演出如何低成本来验证这个假设。后来发现这个假设不成立,前后不到两周时间,没有写一行代码。所以从"假设"到"学到什么",到"评估什么",再到"开发什么",是精益四步循环法的重点。

第二步,开发。假设完成后,终于可以进入第二个环节 ——"开发"了。这个时候开发的意义不是为了一个假设或者一个概念,而是非常明确地为了"评估什么"服务的,所以开发出来的产品的本质,是一个可定性、可定量、可与目标用户互动的半成品载体。开发是为了"评估什么",是为了"验证"。当大家完全接受了这样的定义后就会发现,"开发"出来的东西不一定必须是一个成熟产品,它可以是一个 PPT,只要这个 PPT 可以跟目标客户互动并获得反馈。Dropbox 当年的第一个开发原型是一段视频,创始人用简单的动画诠释了云存储这个概念,并上传到了 YouTube,获得超量点击,这才让他验证了他对云存储需求的假设。Groupon 最早的一个版本连网站都没有,仅是一个可以加入的邮箱列表(mailing list),想一起买楼下比萨的人可以留言表示加入。创始人用这样的方式攒到了 150 多人,他才意识到这是一个巨大的商机。如果他们当时不是做视频或者运营邮箱列表,而是做了一个真正的原型,想必这个反馈会慢得多。

第三步,验证。开发完成了,就需要进入验证环节,这也是开发质量的唯一评价标准:到底可以带来多少客户反馈,是不是可以评估出什么。这个环节里,最容易出错的事情是:因为大多数开发都是投入很多的时间、人力,周期会长一些,所以容易产生一种"虚荣指数"。即虽然可能啥客户反馈都没有,或者没有达到之前预计的"评估什么"的目标,但好歹大家付出这么多,也要粉饰太平一下,从而会从单纯的工程方面去评估这次开发的质量,选择亮点自我安慰。这是不对的,必须坚持以"评估什么"来验收开发质量。

第四步,认知。验证环节结束,就到了最艰难的环节——认知。传统思维中,验证的结果是产品的销售情况。而精益思维中,验证的结果是"经证实的认知”。当初的那个假设,有多少是对的,有多少是错的?是坚持,还是需要转型?通过这个认知大讨论,得出下一步的假设,从而进入下一次四步循环。

人们总误以为做产品需要天赋,但其实都是在这样一步一步的认知过程中,不断坚持或者伺机转型后逐步做成的。当年 Peter Thiel 投资 Facebook 的最重要的一个判断是:70% 的用户每天会登录一次,平均登录时长 30 多分钟,3 个月扩张到了 50 所学校。这就是一个典型的“经证实的认知”,虽然那个时候 Facebook 规模还非常小。很多团队会在开发环节花掉绝大多数时间,而在假设、验证、认知上几乎都是开几个小会草草了事,正确的做法是将时间平均分配到这四个环节上。

极豆车联网汪奕菲 & 王闻宇：应时而变参与车联网生态

【企业概况】

上海嘉车信息科技有限公司（极豆车联网），成立于 2014 年 10 月 8 日，主营业务有车载导航、车载后视镜、车辆服务，其中包括同汽车生产厂之间在硬件/软件开发、车辆服务方面的合作，与汽车后市场商家在汽车改装硬件方面的合作，还有和网约车、共享汽车商家的合作。极豆车联网不是一个纯互联网企业，它是互联网和传统企业相结合，更贴近于实业的企业。极豆车联网的关注点与时下热门的自动驾驶并不相关，它更多地是以用户体验为核心导向，用到 AI、算法等相关的一些技术。

【口述人简介】

汪奕菲,极豆车联网现任CEO。2005年本科毕业于华中科技大学计算机科学与技术专业,PPLive的创始人之一,曾任PPTV多终端事业部总经理。2014年,创立了极豆车联网。

王闻宇,极豆车联网现任CTO。2005年本科毕业于华中科技大学计算机科学与技术专业。之前有过两次创业经历,主要负责公司产品的技术方面。创立极豆车联网之前,曾任PPTV合伙人,首席架构师,负责PPTV软件的整体架构。

【创业心路】

极豆团队的诞生

创业想法萌芽

2014 年年初,我和汪奕菲就萌生了创立极豆车联网的想法。当时手机、平板电脑、笔记本电脑甚至电视都已经互联网化,但是车载导航并未互联网化,并且用户体验较差。另外,当时特斯拉发布了一个 17 寸[①]的大屏,特斯拉 Model S 车载系统采用 17 寸触摸中控大屏,拥有良好的人机交互体验,这让我们俩受到了很大的启发,我们当时就想如果普通车也能有这样的用户体验该多好,这便是最初商机的来源。

当时我们考虑的创业方向和项目有很多,其中一个是做直播,但因为我们是视频公司出来的,有行业限制要求,所以就放弃了。我们还想过做境外旅游的网站,类似现在的"马蜂窝"。虽然当时我国内地旅游已经很火了,但境外旅游还属于蓝海,所以我们也想过在这方面创业。通过分析后,我们觉得旅游这方面是需要强运营的,这跟我们团队本身强技术的基因不太符合。同时,需要深入了解旅游行业特点,但我们并没有把握成为领跑者,所以境外旅游这个想法也被否决了。此外,我们还想过做类似于路边自动滚动翻屏的广告机。我们最后选择做极豆车联网的原因在于,极豆车联网能发挥我们团队的技术优势。同时,当时选择极豆车联网创业还有一个原因,就是现在汽车销售领域竞争很激烈,产品需要亮点。在这种用户需求下,汽车公司需要去寻找一些贴近用户的改进点,而我们恰好做的就是汽车里跟用户最贴近的部分——屏幕。

这几年,汽车行业正在发生一个大的变革,这个变革是由过去的车厂、主机厂、Tier One[②]、Tier Two、Tier Three 体现出来的。之前汽车产业链的利润主要集中在汽车制造企业,而目前行业的变革导致最赚钱或者是最能抓住用

---

① 长度单位,1 寸≈3.33 厘米。

② 一级供应商。

户的已经不是汽车制造企业了，而是出行服务商，例如滴滴打车、神州租车、Uber、EVCARD等。这些出行服务商通过占据用户的入口，可以获取最多的“单车每公里营收利润”。利润排在第二位的也不是汽车制造企业，而是“四化”供应商。如今整个汽车行业有一个新的“四化”——电动化、智能化、网联化、共享化。网联化俗称车联网，电动化指的是电池、电动机等这些涉及新材料的科学领域，智能化指的是自动驾驶、无人驾驶这些领域。整个行业在快速地随着这些领域的发展而发展。其次的赢利单位才是OEM[①]主机厂和传统的零部件供应商。我对极豆车联网的定位，就是在新四化中能够为用户提供网联化和共享化服务。

极豆团队组建

创业团队最开始的成员只有我和汪奕菲，实际上我们在离开PPTV之前就已经商量好了。在我看来，最有效率的创业团队，应该是团队成员彼此之间非常熟悉，这样配合起来会很默契。同时，团队里一定要有企业业务所涉及领域的资深人士，这样才能妥善处理一些超出团队成员认知范围的问题。最后，由于大家来自不同领域，团队的磨合就显得尤为重要，这就对牵头人或者说CEO的个人魅力提出了非常高的要求。CEO需要让所有人都信任你，然后提高内部成员彼此之间的默契度。

极豆车联网准确来说是由汪奕菲牵头的，技术团队中的成员有不少是原来PPTV的员工。在PPTV被收购之后，PPTV内部的文化氛围转变很大，因此很多原来的创业伙伴从PPTV离开，到了我们公司。但我们有一个原则，就是不主动从PPTV挖人，除非他确实是自己想出来。如果员工自己想离开，那么就算我们不挖他过来，他也会去别的地方。还有一部分人是通过社会招聘进来的，我认为创业公司的团队不能是一帮老班底，特别是在跨界创业的时候，仅有老班底是不够的。要做跨界的事，就必须引入变异因子。所以，我们通过社招引进了一些其他行业比如车载导航行业的员工。引入的车载导航行业的人，在公司担当小股东合伙人的角色，负责企业的日常运营中技术层面的工作。在市场方面，最初我们并没有关注，产品出来之后才开始做市场。

2014年团队组建之后，团队采用精益创业的模式，即MVP，minimum viable product，意思是最轻量级的可行性产品，利用最少的投入获得经验证的认知。三个月后，团队选择在一个成熟硬件上进行软件修改，然后进行车友圈

① 原始设备制造商(Original Equipment Manufacturer)。

极豆车联网员工在办公室合影

测试。测试其可行性后,团队就从上海转移到了深圳。2015 年春节过后,团队正式在深圳组建公司,我当时就主要负责这件事情。选择在深圳研发硬件的原因在于,我们认为要做有想法、有特色的硬件并不容易,因此可能需要花费较长时间。在这个过程中,我们获得了 A 轮“青云创投”的投资,最后到 2015 年年底完成最终成果。

2017 年后,我们开始布局市场。我们团队也引入了有相关经验的高管,比如引入了一位对车载行业很熟悉,在江淮汽车有十几年销售工作经验的高管。他带着我和汪奕菲去跟不同的人交涉,参加各种各样的汽车前市场的会议。在这期间,我们也发现有很多华中科技大学的校友在做汽车前市场,之后也逐步接触到一些这个领域的校友。后来汪奕菲又通过校友介绍,引入了一个做销售的高管。

这一年,我们也开始做线下的汽车后市场。我们先跟普通的汽修店打交道,虽然汽修店看起来只是一个店,但其实也是联盟,我们的主要目标是进入这个联盟,让感兴趣的汽修店来做团队的代理,实际上就是类似原来卖 GPS 导航那样的代理模式。后来我们跟广联腾讯合作,4S 店销售模式也开始慢慢发展起来。由于我们是从互联网企业过来的,虽然之前有一定的电商经验,但是线下商务渠道是弱项,因此做事还是从强项开始,然后才逐步开拓到弱项。我们的汽车前市场包括车厂和行业客户,行业客户类似上海的 EVCARD 共享汽车。

极豆团队拓展

我们团队是一个混合型团队。首先,团队中有互联网人,像我和李杰都在传统的互联网行业做过。李杰曾经是“极客学院”的联合创始人,有八年多互联网初创行业的工作经历。同时,老郑和赵斌也在传统汽车行业的 Tier One 做了十几年。有了这样的一个团队,我们在推进汽车前装业务上有很好的资源和能力。实际上,我们比较早就了解过汽车前市场,但是觉得这个市场商业壁垒很高,不好进入,所以没考虑。直到有个南京的公司来谈合作,我们才发现汽车前市场也有需求。

当时我们在构建团队的时候先分析了创业类型,因为汽车行业不是纯软件,也包括硬件,而且还需要行业资源,所以就不能全用以前 PPTV 的人。如果将整个公司比作一个木桶,要有长板,同时短板也不能漏水。短板的长度要有个基本保障,长板也要足够长,所以只用以前 PPTV 的人是远远不够的,还需要一些专业的人。因此,在创立这家公司的时候我们就意识到要找一个在汽车行业有硬件经验的人。我们通过各种方法去了解和寻找这样的人。新加入的伙伴对我们的业务拓展产生了非常大的帮助,但也带来了一些问题。首先,大家的受教育经历、生活背景不一样,价值观不同,这就导致在公司业务上对于一些事情的判断容易出现分歧。其次,年龄上差距较大,沟通也存在一些代沟。当时,我们对一些事物的判断理念、价值观不同,很多事情没办法开展。如果是普通员工存在分歧那倒没什么关系,但是公司管理层有分歧就不太合适。所以到了 2016 年年初,汪奕菲对公司管理团队进行了调整,将所有的管理层都换成了 80 后,继续引进了一些有行业资源、有经验的 80 后。

在汪奕菲看来,作为创业公司,到猎头公司挖人,挖一些技术大拿,这是可以的,但是如果你要找左膀右臂,找管理层,还是需要自己亲自去发掘。李杰跟汪奕菲认识很多年,他们是在做移动互联网的时候认识的。李杰在移动互联网行业有很多经验,而且经历过从零开始的创业,中间经历过很多风雨波折,对创业公司理解更深,也更加认同。

赵斌相比于老郑,加入公司的时间更早。他之前在江铃负责海外市场,主要是做渠道这种比较传统的东西。由于他自己比较喜欢互联网,跟我还算是同学,我们都是华中科技大学毕业的,因此加入到我们团队。汪奕菲曾经问他,你既然学了这些创新课程,为什么不去做相关的工作,不去实践呢?汪奕菲擅长鼓动人,他就跟老赵讲,你学的课都是和创新相关的,涉及非连续性、颠覆式创新,但是你每天做的事情都是在“搬砖”(卖硬件),主要就是卖车到亚非

极豆公司年会聚餐合影

拉,更何况亚非拉还不是主流市场,所以干脆转换一下,来加入我们吧。我们最初吸引老赵加入其实不是为了做前装,而是想让他去突破海外市场,但是后来发现前装这件事机会更大,所以我们就马上把资源和人力都投在前装上面。

老郑是 2018 年年底加入的,他之前在远特工作。远特应该算中国汽车远程服务提供商行业的前装 Tier One 的前三,他在那边是社会创新投资伙伴,负责一年 10 亿元的销售额。和老赵的情况差不多,汪奕菲就跟他讲,你那 10 亿元的销售额其实还是在"搬砖",你每年的利润有多少?毛利特别低,大概 10%~15%的水平,净利还是亏损的,中国的硬件生产制造行业就是这样一个情况。汪奕菲问他,你觉得车联网的未来是什么形式,是硬件制造么?不是的,就像手机行业的未来一定不是硬件制造。手机行业也有上市公司,比如某家智能硬件制造企业,一年销售额 140 亿元,市值 200 亿元,可能 1.5 倍的水平,净利润其实却不高。但是你看百度、腾讯这些公司,净利润却很高。汪奕菲告诉他,你别"搬砖"了,跟我们一起做这件事,从提供服务给用户的层面获得价值。

所有的创业公司基本都会允诺股权,因为创业公司薪资肯定不好,而且我们公司隔壁就是百度,我们的骨干随便去一家 BAT 工资翻三倍都不是问题。而且,即使创业公司允诺股权,大家也会去考虑哪家公司未来发展前景更好,哪个团队有未来,这个行业未来发展怎么样,大家工作起来是否情投意合。就比如汽车这个行业,我们就会思考到底要不要智能化、科技化,五年以后这个行业到底应该是个什么样子,我们在这个行业发展中做看客还是参与进去。正如我们经历了整个 PC 互联网、移动互联网、互联网电视的发展,我们很庆幸自己选择参与在其中。虽然当中也会有遗憾,比如为什么没做到行业第一,为什么我们关于会员付费的收入可以接近广告收入的想法没有实现。实际上在广告收入和会员收入持平的案例上，可以了解下爱奇艺。爱奇艺最近要上市，查看招股说明书的数据，2017 年会员收入 60 多亿元，广告收入 80 亿元，这两个数据已经很接近了，可能 2018 年会员收入就会赶上广告收入。回过头来看汽车智能化这件事，大家要么当看客，要么参与一把，就这两个选择，而我们选择参与。

汪奕菲一直是小米的粉丝，包括在创办极豆时，汪奕菲和我就认为小米的路线是对的。从小米发布的运营数据上看，2017 年小米互联网部分的营收占到它 2017 年营收总额的 30%左右，主要收入还是卖硬件，但是从利润来看，硬件领域的净利率也就 2.8%，在硬件方面这其实就是“搬砖”的活。相比之下，互联网软件服务的净利率在 40%～50%，在 2017 年小米的绝对利润数额中，互联网软件服务部分已经占了很大比例。在中国，手机行业的未来就是这样的趋势，做硬件制造的公司，其利润可能很难超过服务客户的利润。

对于汽车行业的未来发展，我们就要有这样一个清醒的认识。所以当初汪奕菲就跟老郑讲，别“搬砖”了，来做这件事。实际上对于这件事老郑也一直认同，他以前在的公司也有车联网运营的团队，100 多个人做了很多年就是没做成，他也很苦恼。汪奕菲跟他讲，这个是方法不对，然后跟他讲了自己的打算，因为都是行业内的人，一沟通就发现这个方向是正确的。但这不是洗脑，而是互相认同。对高管来说，我们很重要的一点是要跟你一起，互为左膀右臂，毕竟个人能力有限。假如这些人都是被洗脑了才过来的，过了三五个月，大家做事情就不是出于发自内心的认同感，那这个公司肯定做不好。过去在 PPTV 的经历，也是一样的，当时我们也经历了很多波折，姚欣也跟大家讲过这个道理。站在我的角度看到的情况就是，如果是基于认同加入进来的人，基本上就会做得很久，成绩也会很好，个人的回报也高；但是反过来，如果是那些机会主义者加入进来的话，发展过程中就会有很多问题。

极豆的市场探索

线下渠道

2016 年的时候国内很多行业都在搞线下渠道，例如 OPPO 和 vivo 的线下渠道都做得很好,所以我们也跟着尝试了一下。我们在线下渠道投入了大概几百万元,包括团队、时间、精力成本等等,最后发现这件事不适合我们做。我当时招了一些销售,组成了一些做地推的团队,但是最后发现这是基因问题,我们并不适合做线下渠道。我们发现,如果这样做企业可能最后变成一个纯销售的传统企业,成为线下渠道的公司,这和我们对企业未来的设想不一致,所以这件事我们做了大概半年就放弃了。我们紧急地对线下投入踩了刹车,一是它不符合行业规律,二是我们自己也不擅长做。

线上与前装

之后,我们开始从线上、前装方面突破。一开始,我们的想法主要是从软件上进行突破,并没有想从硬件方面突破。因为我们熟悉的是软件领域,可以借此把我们的交互软件做得非常好。但是在进行的过程中,我们逐步发现,我们做的其实是硬件,这就涉及公司的定位问题。我们最初的想法是互联网的模式,但是逐步地去做就发现我们做的是硬件,本质上成为了一个科技企业。因此,我们从最初的追求软件创新逐步改为追求硬件创新。在硬件方面,我们也推出了一些技术,比如我们的车载导航是第一个支持 Hi-Fi 高音质的车载导航,我们第一个做出低成本消费者易接受的 720P IPS 屏幕的车载导航。如果大家对硬件不了解,可能会觉得 720P 这个分辨率也不算高,但是汽车行业的硬件要遵循车规。所谓的车规就是指硬件规格级别,最高级是航天级,其次是军工级,再次是车规级,接下来是工业级,然后才是消费级。手机、平板电脑属于消费级,但汽车电子产品属于车规级,车规级就要求硬件耐极高的高温和极低的低温,抗震动能力和抗电磁干扰能力要非常强,所以现有的手机、平板电脑的一些技术是无法应用于车规级产品的,我们率先推出了这样一种技术。

同时,我们也是第一个推出高精度定位的企业。普通的手机定位能精确到 3～10 米,但我们做的是亚米级(精确度 1 米以下),能达到差不多 30～50 厘米的精度范围,这样就使得导航非常精准,特别是在判断你处于主路还是辅路的时候会省去很多事情。再者,我们在行业内首创了流媒体后视镜。流媒体后视镜本身是不反光的,是依据非常好的摄像头技术将车辆后方的景象拍下来显示在后视镜上,这样做的好处是可以使驾驶者从流媒体后视镜上以三倍的视野观察到后方情况。这些硬件的创新,就是我们产品和服务发展的一个路线。其实,做硬件跟软件真得完全不同,做软件差不多一个月就可以做出来,但做硬件必须要考虑这个行业的实际情况。我在给其他公司做指导时也强调,硬件一定不能只求快,务必按照硬件行业那一套研发流程来做。你一旦想省时间，跳过一些确认过程，最后会发现到生产线的时候可能面临停产，这样非但不能节省时间，反而是浪费时间。

我们公司发展过程中的标志性事件应该是直接在天猫、京东平台上进行销售，包括线下与4S店合作。2016年年初，我们主要是在京东、天猫平台上销售，做汽车后市场。当时有四种配置，价格从1200元到3200元，同时负责安装。线下渠道是从广东开始推起的，主要是和一个O2O公司合作，他们负责安装，我们按单支付金额。2016年3月到12月这段时间，我们的产品主要通过汽车后市场销售。2016年前几个月，销量明显上涨。在2016年年末，有一个公司从技术转到贸易，他们把商品给我们，我们再提供给车厂。这样，我们发现，汽车前市场也有需求，因此才正式开始进军汽车前市场。2017年，前装和后装市场的销量基本上持平了，持平的原因还是新车越来越多了，用户改装的需求越来越小。

极豆行业转型

产品、市场、战略

至于我们为什么在2017年去做行业转型，主要是因为创业不能一直埋头拉车，还要抬头看路。之前有幅漫画极富隐喻，讲的是大公司的领导坐在车上拿个鞭子，小公司的领导基本上都得跟着兄弟们一起拉车，但是拉车的过程中你得抬头看路。所谓的看路就是看市场发展趋势，看前装和后装市场的增长率。在当时我们发现，2017年的时候，前装市场已经蠢蠢欲动，很多车厂的项目已经准备到2019年左右全部前装化，比如特斯拉这样的标杆汽车企业就在做这件事。这就像任何行业都有的标杆一样，比如苹果做的是智能手机，使手机没有键盘全部智能化，其他企业就效仿它去做，这就是标杆效应。所以接下来我们主要的发展方向就是尽可能把我们的技术装配到新车，通过跟汽车厂合作，让用户在买到车的时候就享受到我们的服务，拥有良好的体验。

我们在创业的过程中，第一阶段做了两年产品，第二阶段做市场，那下个阶段就要从公司的战略层面出发去思考问题。站在技术的角度，从全球车载行业发展来看，汽车联网化之后会逐步形成互联网生态，那就意味着互联网生态发生的事情也会在车载行业发生，也就是说可能只有“三巨头”能存活。我相信汽车联网化之后,可能会面临一个并购潮。站在终局看问题,全世界最后的汽车厂可能只有三五家。我们的本质属于汽车供应商,那么将来的宿命可能就是出售给某个汽车厂家,汽车厂家最后会自己控制这一块产品和服务,因为这是距离用户最近的。就像手机市场发生的故事一样,最开始大家的操作系统都外包做,但是现在手机市场就这么几家,大家都开始做自己的操作系统。所以我觉得,可能要不了十年就会达到终局。

从外部环境来看,整个汽车的前装,也就是车厂的改变比我们想象中要快得多,这也是极豆现在逐步从汽车后市场转向汽车前市场的原因。车厂推进的速度很快,很多车厂甚至主动与我们联系,寻求合作。现在越来越多的新车一出场便有高配置大屏联网导航,所以从大的市场来看,汽车后市场的用户自己再改装导航的需求会越来越小。因此极豆必须把以汽车后市场为主导的战略发展转变为向汽车前市场靠拢。

我产生初创想法时,主要是在与汽车行业的人进行交流时受到很多启发。比如说对于我们要做的这个事会出现哪些难关,通过与人交流我们有了一些了解,所以在做的时候就会特别留意这些难关,这也是我们能在短短一年多时间赶上发展了十年的汽车电子市场的整体发展节奏的原因。至于说这个行业壁垒的问题,现在的行业壁垒主要是来自国家发许可证的限制和来自防震、防热、防冷这些技术标准的限制。防震、防热、防冷等只是硬件技术层面的标准,其实还有几个标准如 TS 16949、ISO 26262,都属于整个行业的标准。汽车行业有一百多年历史,所以能通过这些标准的企业不少,而我们更多的是打中了汽车厂的痛点。汽车厂在销售汽车的过程中,如果跟用户说汽车通过了这些标准,用户会听不懂,但是如果跟用户说汽车的这些功能很好用,汽车就会更容易出售。

行业前瞻

最近炒得很热的全屏 HUD①,之前有一篇文章讲这个东西很厉害,但至少在行业内我尚未见过实物,它其实就是 AR② 玻璃。至少在今年的 CES③ 上,我还没看到这样的产品。根据经验,今年的 CES 没有出现,预计未来两年内也不会出现。因为只要它一出现,就会来 CES 参展,这么厉害的技术只要参展,马上就能拿到订单。因此,这个技术的可行性就是一个问题,更不要谈车规、

① 平视显示器(Head Up Display)。

② 增强现实(Augmented Reality)。

③ 国际消费类电子产品展览会。

功率、发热等问题。它目前尚属于实验阶段，这种产品可能根本没到商品化阶段。

综合来看，目前汽车行业发展“四化”已经成为业内的共识。目前极豆的重点放在网联化这个环节，现在汽车联网率只有15%，但是预计3年之后会超过15%，进而快速达到100%，这是一个大趋势。此外，汽车行业本身有一个周期律，进去做一单很难，但是做出来之后持续5～10年不成问题。所以极豆的发展规划符合行业发展趋势，而且时间充足。未来极豆还要在科技层面多投入，增加技术的可防御性，除了宣传优势、交互体验、增值服务之外，还要研发一些具有科技含量的软硬件级技术。

极目智能程建伟:最小系统驱动高级智能驾驶

【企业概况】

武汉极目智能技术有限公司成立于2011年8月29日,是一家专注于智能驾驶技术研发与应用的人工智能企业,致力于通过全球领先的计算机视觉技术助力智能驾驶的发展和普及。目前,极目智能不仅在前装领域与多家车厂建立了合作关系,打造未来的智能驾驶和交通方式,还针对物流车队、营运车险、智慧公交等推出了基于ADAS主动安全的行业解决方案。

【口述人简介】

程建伟，2019年博士毕业于华中科技大学光学与电子信息专业；2011年，联合创办武汉极目智能技术有限公司；2014年，参加大学生创业大赛，夺得冠军，获得20万元扶持资金；武汉市第八批“3551光谷人才计划”高端人才。

【创业心路】

校园、项目、工作

科研经历

2012 年,我在华中科技大学光学与电子信息学院开始读博士。前两年在导师的指导下进行研究,我对于导师给我指派的研究方向没有相关积累,研究压力非常大。创业者与工科在读博士的双重身份,使我前两年的生活非常辛苦。尽管如此,我还是咬牙坚持了下来。一方面是因为我不想当逃兵,既然决定读博士就全心全意把它读好;另一方面是因为我相信科研工作对我的创业也会有很大的积极作用。现在回头来看,自己的决定还是比较明智的。另外,在研究生期间我也取得了一些科研成果,例如在 2015 年,我做的一个系统方案获得了第一届中国光学工程学会创新产品奖一等奖(第一名)。

项目经历

项目的起源来自一家车厂的激光雷达项目,当时我总觉得做项目像做一个雇佣兵:别人给你钱,然后你去"打仗",项目结束后使命就完成了。因此我就在琢磨要不要直接注册一个公司,用实际产品来赋予企业新的生命力。现在看来这个判断是正确的。

车厂项目使我接触到汽车行业,发掘到该行业对于智能化感知设备强烈的潜在需求。在与甲方公司交流的过程中,我对以色列一家叫 Mobileye 的公司有了更加深入的了解,它是国际 ADAS① 领域的老大,主要通过摄像头做道路安全的解决方案,就是用摄像头做道路环境的探测。这一下子颠覆了我的认知:以前一直认为 IT 行业和汽车行业没有什么关联,汽车就是学汽车工程、内燃机等专业的那一些人去做;但是现在行业深度结合逐渐成为未来发展趋势,我个人的专业技术也可以在汽车行业大有作为。

---

① 智能驾驶辅助系统(Advanced Driving Assistant System)。

同时,ADAS的社会价值与市场潜力也深深打动了我。一方面,这个产品可以预防交通事故,具有巨大的社会价值和经济价值,代表着产品的生命力,有生命力就一定会有未来;另一方面,虽然当时以色列的Mobileye在整个行业已经做得很好了,但在国内极少有人知道类似产品,具有巨大的市场空间。

工作经历

硕士期间,我还担任了学校创新基金的负责人。当时整个创新基金规模不大,大概几十万元的样子,但总体环境比较宽松,可以学习锻炼的机会非常多。当时我负责这个项目的征集评审、投资、管理,有点类似于2008年李开复先生做的创新工场和美国著名创业孵化器YC,即"种子+孵化"模式。在负责创新基金期间,我对技术经济产生了浓厚的兴趣,把《技术经济与管理》那本书读了好多遍,内化了一些核心思想,建立了一些方法论,对我的纯工科思维是一个很好的补充。

同时,在创新基金工作也使我有机会去认识一些其他专业的同学,包括计算机、软件、材料、管理等专业的同学。这一方面丰富了我的跨学科视野,另一方面为我后期的创业打下了团队基础。虽然团队人数不多,不超过5个人,但整个团队就像一个完整的拼图,麻雀虽小,五脏俱全。

创业萌芽

创业团队

2012年,我们团队贯彻"最小系统"这个概念,即每一个职能或者每个功能,由一到两位专业人才负责,从而在整体上保证团队的效率。为了保障"最小系统"的有效开展,我们在团队成立初期最主要的考察标准是工程落地能力。这并不仅限于动手能力强,还要有实战经验,因为整个产品开发涉及大量的软件硬件能力,我们的团队成员一部分是具有专业技术背景的在校博士生,一部分是具有企业经验的资深技术人员。

"最小系统"既保证了团队效率,使整个团队反应更快,又节约了成本,让我们能在前期资源不足的情况下潜心研发。事实上,在2011年和2012年,国内了解ADAS产品的人非常少,有能力参与这个行业的技术人才更少,至于真

极目智能成员合影

正去做的更加寥寥无几。从现在来看,国内目前做 ADAS 的企业,大部分都是 2011 年前后开始起步的。这些企业有着不同的发展道路,比如说有的就去做 Mobileye 在中国的代理商,有的人可能去做衍生应用,等等,而我们走的是产品研发的道路。

产品研发

我原本的想法是用国外产品在中国做一个落地,后来由于各种各样的原因,我的想法改变了,其中包括我们跟韩国一家做同类产品的公司有合作,我们帮该公司做通信方案和交通安全,数据化产品到平台,差不多是技术集成。我那时候只是觉得这个产品好,并且可以搭上当时无线网络的翅膀。后来发现这些外国的公司对中国市场很有兴趣,总体却还是比较保守,我就想要组建团队自己做。

团队成立后,我们对产品研发路线有着比较清晰的认识。我认为,对于技术企业来说,用户需求永远客观存在,关键在于企业能否研发出符合市场规律的产品。在这个过程中,技术突破是核心环节,把算法做到低成本的芯片上。当然,这个过程没有听上去这么容易,也不是一个三五个月的攻关就能完成的事情,有的公司甚至花数年的时间也不一定做得出来。最终,我们从 2012 年开始,历时一年半左右完成了产品原型。

现在回过头来看，我们还是比较幸运的。一方面，ADAS行业决策风险还比较小，业内有国际厂商在前面带路；另一方面，因为技术本身具有很高的门槛，所以我们在国内还具有一定的优势。最近资本市场比较火的一个词叫作“国产替代”，其本质是解决供给侧的问题，把国外的产品通过技术攻关国产化。所以说我们只要完成产品开发，让它有一个突破，然后和国际上的技术和标准进行对接，之后市场机会自然会释放。

创业资金

因为赛道优势，我们在产品完成后获得了资本的肯定，但我们的整个融资经历还比较坎坷。2013年年底，我们遇到了360创始人周鸿祎，当时他的副总在学校众多创业创新项目中一眼看上了我们的项目。当天晚上我和周鸿祎见了面，那会儿他们公司刚上市，也很有财力，对于这个新的赛道有投资意向和热情。当时我有种自信，如果钱到位了，我们就可以放开袖子干了。可是最后融资因为种种因素失败。

2014年，东湖就开始做光谷·青桐汇，青桐汇本身也是一个筛选平台，相当于我们第一次有了密集见投资者的机会。我们参加第六期活动，得到的票是最多的。现在回头想青桐汇确实很好，给了很多创业的年轻人一个平台。

当时还有武汉市青桐科技计划的资金资助，加上创业大赛资助，总计有40多万元，相当于政府提供了一笔种子资金。这对于小的创业团队来说，非常有价值，可以支撑产品原型的开发。

产品快速迭代

一代产品

2014年我们到了团省委的孵化器，在产品原型的基础上全力以赴地优化产品，并在接触市场后不断打磨。2015年，我们获得了300万元的天使投资，产品已经基本形成——第一代“启行”。应该说“启行”是我们的第一款正式产品，但那是一个很轻的产品，我们把算法跑到手机上，即用手机摄像头采集道路情况，用算法识别出车道线、车辆等元素，结合车辆当前位置、车速等情况，做出决策通知驾驶者，安卓和苹果的手机都可以做到。我们巧妙地借了一个外部的硬件,这个产品以极低的成本在行业内一炮打响,相当于给我们营造了一个宣传效果,带来了几千个忠实粉丝用户。当时基本上就是把国内很大一部分喜欢玩车的人都笼络过来了。

现在来看,我觉得第一代产品“启行”还是一个很聪明的产品,它帮助我们省了好多事,实现了三个目标。第一是有产品。尽管真正的硬件出来还要花很多钱和很多时间,我们的硬件在2016年的时候才实现量产,但在这一两年的过程中,我们要抢位置。任何人来的时候,要能有一个他们看得到的东西,这个东西不是我们构想的或者说在电脑上播的,而是可以实实在在见到的。比如说拿着一个手机,哪怕到路上去给人看,每个人都觉得它是新鲜的,有冲击力的,能够让人明白。第二是宣传。产品做出来的时候众筹还比较火,我们就做了一个众筹,当时很多汽车行业主流媒体主动免费给我们做报道,上头条。第三是品牌。我们进入行业短名单了,就是所有的行业媒体在统计做这个行业的公司名单时,我们都在里面。

二代产品

2016年8月,我们的第二代产品“知行”上市。它与第一代产品的最大不同是不再需要使用手机了,所有东西都集成在硬件里面。我们的产品正式变成专业大产品,大产品就是集合了硬件软件算法、系统稳定、成本控制较好的产品。第二代产品就相当于第一款硬件产品,这个产品目前还在批量发货。我认为,第二代产品的成功主要有三个方面的原因:第一,它是第一款硬件产品;第二,它被业内很多专业的人评价为跟国外竞品是最接近的;第三,产品质量很稳定,一直到现在还在卖。因为我的工程能力比较强,这个工程能力,从创业开始实际上就打下了一个比较好的基础。

三代产品

2017年,我们推出了第三代产品“远行”,并进入了汽车前装市场。我们进入前装市场的原因,不是在探索渠道的时候发现的,而是国家政策的引导。2017年3月,国家交通部发布了《营运客车安全技术条件》,引爆了国内ADAS产品前装市场需求。试想若非政策强制,很多主机厂可能会选配一些国外的产品,车辆出口时进行加装;而强制政策一出,主机厂就要在研发端、采购端、质量端进行系统评估,引入更加适合量产、性价比更高的ADAS产品。在此情形下,极目智能迎来了发展历程中最大的一次机遇。

我们的第一个客户是KL,通过公开招标得到的。其后测试了三四个月,毕竟汽车行业的严格程度仅次于军工。曾经有一个小的企业也与我们谈到这个问题：如果想进入汽车前装领域，那需要经历很多长认证周期。但我们的认证周期相对来说比较短，因为这个行业是新兴行业，所以就很容易得到客户的支持。假如是个老行业，比如说新能源电池行业，至少需要花两年时间，新企业才能进入。我们半年就得到车厂的认证，就是因为在那时我们的技术是新技术，算是创新者的红利吧。如果说现在再有哪个企业想要进入行业里面的话，要的时间也是比较长的。

目前我们有比较强的口碑效应和品牌效应。我们有 20 多个客户，它们都是汽车企业，包括现代、一汽，以及客车厂主要企业苏州金龙、珠海银隆、上海申龙等。

持续发展

总的来说我们的产品迭代过程，其实也算比较顺利。2016 年融资结束之后，能够实现量产的一个小系统就完成了。首先是做前装市场。我们当时在国内第一个产品做的是客车前装。到 2017 年我们发现后装已经很难走通，但是前装实现了突破。原来想的是至少两年，但 2017 年的时候新政策出台，2017 年 4 月国家强制所有的大客车必须安装雷达系统，国内的第一个公开招标自然就被我们拿下了。算是两股利好，2018 年这个政策落地，我们就拿了一半的市场份额。我们原来是想做后装的，后来发现后装 B2C 的很难做，就开始做前装，也是正好碰上一个机会。但是任何阶段我们都不会放弃 B2B 或者 B2C，只是说前装走通了，后装还没有走通。

目前，行业内的竞争还非常激烈。到 2015 年、2016 年的时候，出来做本行业的，基本上就是百度、谷歌等公司的人，我们可以称他们为光环派；2017 年年初是类似于海康、东软这些很大的公司，可以称为大鳄鱼。不过其实这些大公司之前就在做了，只是我们压根不知道。2016 年、2017 年的时候，我们小公司的产品也出来了，他们大公司的也出来了。与狼共舞，实属不易。但是回过头来看，我们能生存到现在，主要的原因是产品质量稳定、准确度高和成本控制得好。

2018 年，现代集团决定投资我们。这是一家国际主流车厂，在全球的销量大概排第五。

创业感悟

最小系统

这些年,我经常思考一个问题:我们一起出来创业的时候还是有很多起步比我们早、拿钱比我们早,而且挺“高大上”的团队,但现在都已经没有了,那为什么我们能够走到现在?至少在这个行业里面没有掉队。我认为这是因为我们这个行业里还没有这种企业——最小系统企业。

IT里面有个最小系统,是说一个单片机就是一个最小系统,给它供点电,它就能控制洗衣机、冰箱。虽然它不像电脑那样复杂,但它也实现了智能化。我觉得最小系统会成为我们企业未来文化里面很重要的一个成分,最初我们团队就几个人,但是这些人是我认为在工程这个领域最强的,那么我们就是一支比较强的作战队伍了。

产品迭代

在迭代周期方面,第一代和第二代产品之间相隔半年,第二代和第三代产品之间也相隔半年。基本上半年一次迭代,技术上还在不断优化。按每半年一次迭代,变化有的小有的大。我们每一代的产品肯定是有明显的差别的,比如说第一代产品和第二代产品完全是硬件上的差别,第二代产品和第三代产品之间,是后装和前装的差异。

我们第三代产品是2017年推出来的,全部是面向前装车规级的。我们这个行业会变革一二十年,我们会沿着这个行业一直往下走,我们所在的领域需要硬件与软件结合的创新,和那种纯软件创新差别还是很大。当然,我们也可能会被那些技术比我们强的、成本比我们低的企业直接给清盘了。总体来讲,这个行业里面的技术迭代更新很快,我们必须保持高度的节奏感和危机感。

人才队伍

对于人才招聘,我认为这是一个双向选择的过程。我吸引团队成员就是告诉他们这个行业的大概情况,问他们有没有兴趣加入这项事业。可能有人会传统地认为我们要给大家画饼,实际上这整个过程不是那么慷慨激昂的,我们团队人员之所以会愿意参与进来，核心因素是熟人拓展，工作能力和人品有一定的保障。我认为这是创业公司早期招人最有效的手段。

把握机遇

首先从行业的角度来讲，ADAS 市场行业规模是很大的，在国内，这个行业的市场规模还没有真正释放出来。例如，去年这个行业的国内市场，规模的话就是一到两亿元这种级别，但如果我们再深入到自动驾驶这个大点的系统化市场，这个规模就不是一个层面了，因为最近这 10 年，包括接下来的 10 年、20 年是整个汽车产业有史以来最大的变革期。这个市场肯定要看你用什么样的统计口径，从系统的角度来说应该有几百亿元。汽车行业的变革不仅在于动力系统的革命，从内燃机、柴油机和汽油机，现在到了电动化。汽车传统的三大件——底盘、变速箱、发动机，变成了电池控制，电动机、电控电池以及智能化系统。这样来看的话，这个行业的产值就会变得很大，而且是增量，比如说智能化是增量市场，电池也是。这也是为什么行业里现在有些企业亏钱没利润，但亏得越厉害融资越多——它的前景确实是非常好。

齿轮易创宋师伟:定位腰部企业提供效率解决方案

【企业概况】

北京齿轮易创科技有限公司成立于 2016 年,定位于为中小企业“行业腰部企业”提供综合性产品技术创新服务,主要包括:帮助传统企业实现互联网转型和业务线上扩张;帮助企业提升运营效率,提高企业服务质量,节省运营成本;支持客户产品迭代和新业务孵化,为企业策划和实施完整的技术解决方案,帮助最需要的企业迈出信息化转型的第一步。

【口述人简介】

宋师伟，出身于华中科技大学两代教师家庭。2009 年本科毕业于卡内基梅隆大学，2011 年硕士毕业于斯坦福大学；大一时以“最年轻实习生”的身份加入苹果公司，参与 iPhoto 及 iChat（后改名为 Messages）项目的研发；毕业后加入大数据分析公司 Palantir，负责金融类别的大数据研发；回国后创办了面向硅谷移动开发者的 App 测试平台“TestElf”，以及大学生课程管理工具“课程格子”并担任 CTO；2016 年创办“齿轮易创”；2017 年入选福布斯中国 30 位 30 岁以下创业者榜单。

【创业心路】

高起点高追求

我是在华科长大的,爷爷是华中工学院的学生,就读于船舶系。我父母在华科相识,我父亲本是计算机学院的老师,我在这里读了幼儿园和小学一年级,所以我对华科还是非常有感情的。7 岁时,我跟随父母去了美国。十年后,他们回到了华科,我一个人留在美国旧金山,在硅谷附近。

我父母都是学计算机的,虽然他们没有刻意让我去学,但是家里的书籍都是关于计算机的。小时候家里没有别的玩具,只有电脑,所以我很早就学会了上网。也正是因为父母的影响,作为 80 后,相对于同龄人,我更早地接触了电脑。

中学时,我开始自学编程,正值 2000 年左右美国第一次互联网泡沫。这个时期让我感觉到科技对生命的改变,我决定本科学习计算机。当时的我对机器人有着浓厚的兴趣,于是申请了卡内基梅隆大学计算机的本科,辅修机器人。

2005 年我读大学时,美国的互联网创业远不如现在这么普及,Facebook 才成立一年,使用人数并不多。当时的巨头毫无疑问是微软、谷歌等,我们那时的梦想就是去微软或者谷歌工作,所以也还没有想到去创业。

斯坦福求学

匹兹堡不是一个创业氛围那么浓厚的城市,当时大家都开玩笑,斯坦福毕业的出来创业,麻省理工和卡内基梅隆的去打工。卡内基梅隆有非常多优秀的工程师和教授,可是创业的其实不多。现在华科和麻省理工、卡内基梅隆有点像,出了很多非常优秀的工程师,而现在也许需要更多的创业者。当时我在卡内基梅隆,家住旧金山,因为不希望长期在西海岸生活,所以打算回到加州,要么去工作,要么继续读研。斯坦福是硅谷的摇篮,我也比较幸运地被录取,于是选择了去斯坦福读硕士。

斯坦福是带给我创业思考的地方,这所大学与其他大学最大的不同就是在空气中都能感觉到的创业文化。这种改变不是很刻意的，不是因为某些课才改变了，更多的是这所大学的历史发展原因，斯坦福的世界领先地位就得益于硅谷的发展。

类似比尔·盖茨这样高中时的偶像差不多每隔两年便会去学校做演讲。正因为斯坦福的资源丰富，所以我们能感觉到离这些优秀的创业者和企业家很近，成功也不再感觉是那么触不可及。

周边很多同学处于不同的创业阶段，有些同学在学校期间就已经做出了很成功的产品，比如 Snapchat 的创始人就是比我们低两届的同学。大家会经常讨论不同课程的课程设计，每一个项目大家都把它当作一个创业项目来做，一些项目在课程结束后得到了融资，变成了真正的创业项目。这些经历会让我改变，从项目中我锻炼了自己的领导力、商业模式判断力和执行力。

苹果公司实习

我在苹果公司实习了两年，分别在大一和大二暑假。这应该是我最早的企业工作经历。第一次去苹果实习时，我可能是那一年苹果实习生当中年纪最小的一个，那时我刚满 18 岁。

我当时在苹果 Mac 操作系统团队，参与底层聊天协议和算法研发，像现在 iPhone 上面的 iMessage 就是我们那个产品的延伸。苹果是个硅谷老公司，中间一段时间衰落，所以挺幸运我经历了 iPhone 诞生前苹果开始复兴的过程，感觉到了工业界的强大。

因为父母都是大学老师，所以创业之前我有考虑过走科研这条路，继续读博士。可是去了苹果之后，我彻底改变了这个想法，我开始觉得做一个大家都能用得上的东西是一件很酷的事，所以最终决定硕士毕业后离开学校。

第一次创业尝试

2009 年我还在斯坦福读书时，在暑期回过华科，想尝试在国内做一个 App 开发工作室。我刚在苹果完成实习，相信 iPhone 肯定会普及，而当时中国好像还没有在这方面做得很好的团队。2009 年，中国还没有大的企业开始做 App，所以当时我只是抱着尝试的心态，来到华科找了四五个那一年将毕业的大四学生。这些同学现在也做得很不错，像圈子账本的创始人就是当时我们工作室的同学。工作室我们做了三四个月,当时大家都太年轻,不太懂中国的管理方式和资本市场。工作室有八个人,我们的主要客户是新东方。那一次创业让我明白了在中国创业没有想象的那么容易。

回到斯坦福,我感觉此时的我还不适合创业,第一是因为水土不服,我中文还不是特别好,还没完全适应中国市场,我回来凭什么可以做好一家公司。第二就是当时不了解怎么做产品,不知道市场需求是什么。当时的想法是苹果肯定会火,我们就跟着它做 App 就行了。但当时其实时机过早,苹果还没在中国设立官方的店,也还没有中国区 App Store,做一个中文的 App 只能在海外发布。我觉得需要再沉淀一下,毕业之后在硅谷跟着大公司或者有一定规模的公司学一学。

Palantir 工作经历

后来我去了大数据科技公司 Palantir,主要做美国政府和金融机构的大数据分析软件。当时这家公司对我来说非常大,有 100 多人。我加入 Palantir 并不是因为对这家公司的产品有什么了解,而是觉得这家公司的人都比我聪明。我想,如果跟厉害的人工作,不管怎么样也不会很差,至少会学到东西。

2012 年我离开 Palantir 的时候公司有三四百人,现在大概有 4000 人,估值在两三百亿美元,是美国未上市公司里面估值最高的数据公司。

齿轮易创和 Palantir 有一点相似,只是 Palantir 服务的客户对象比我们要大很多,它是政府和金融机构的咨询公司,同时拥有技术属性和咨询属性,并且能把两者结合在一起。通过在 Palantir 的亲身经历,我体会到纯技术其实不太值钱。

有人曾经问过 Palantir 的创始人,如何把一个数据分析公司做到几百亿美元的估值,其中一个创始人回答说世界上没有一家数据分析公司值这么多钱,我们卖的不是数据分析,我们卖的是结果。这个听起来比较商务的回答其实很符合 Palantir。当你卖任何一个东西,你要说这行代码值多少钱,其实很难定价。可是你说这套系统每年可以给客户节省 1 亿元,客户愿意花多少钱来买单?可能至少是 5000 万元,因为还是给公司节省了 5000 万元。这就是咨询的重点。

创办课程格子

在课程格子创业时,我是 CTO,李天放是 CEO,我们之前是 Palantir 的同事,天放比我早两年回国。我跟他聊说想一起做点什么,他当时在做课程格子，增长得很快，我们就想要不一起把课程格子做大。

其实我们做课程格子不是走了寻常路。我们两个都没在中国上过大学，可是我们却有 2000 万大学生用户。每年我们大概要去二三十所学校做宣讲，其实对我来说是很有帮助的，因为我很快就学会了怎么跟中国的年轻人沟通，学会了很多网络用语。我去刘玉老师那儿做过分享，去武大做过分享，跑了全国很多大学，我觉得相当于本科跟中国脱节的东西，在那个时候补上了。这些对我后来创业还是很有帮助的。在 2015 年年底的时候，我和天放决定从课程格子退出来，原因是觉得我们的使命可能已经基本达到了。

目前我们相当于是从管理层退出来了，只当股东，因为我们已经把它孵化出来，变成一个比较成熟的产品形态了。课程格子的初心其实很简单，就是做一个好用的课程表。在 2012 年开始做这个的时候，手机上没有很好用的大学课程表，课程格子算当时最好用的产品。经过了三四年的成长，我们的产品也已经很成熟了，进步的空间不大了。我觉得除非新的平台出现，否则在手机上这个产品不会再有颠覆性的变化，我们不可能每年重新去发明日历怎么用，所以之后就是慢慢做细节的优化。这个时候我们的产品能力已经提供不了那么大价值了，而且当时公司已经有很成熟的技术负责人，我的日常工作已经没那么忙了。课程格子面临的是所有 To C 项目的必经之路，就是要经历一次商业化的转型，从早期烧投资人的钱来打市场，到怎么成为一个可以独立运转的公司的过程。几乎所有的 To C 项目在一开始都没有清晰的盈利模式，课程格子也不例外。到 2015 年，不管我们为融资还是独立发展，都需要有盈利的能力，所以那时我们的公司需要从产品驱动变成要有更商业化的驱动。我们第三个合伙人，主要负责市场和运营的，成为了 CEO，然后我和天放就退出来了。我将我的角色任务交给产品团队，就是这样的一个过渡。

坚定创业道路

正好那段时间天放的第一个孩子出生不久，就休息了一段时间。我去真格基金做了几个月入驻企业家看投资项目，同时在想以后到底要干什么，是继续创业，还是去做投资。当时我问一个朋友，我是应该留在国内还是回美国？这是一个节点，当时我回国已经四年了。他当时跟我说，你回国创业，如果回美国的话，以后成家了，孩子都在美国，到时候回国的阻力会更大，可能再也不会回国创业了。我最终决定留下来。

从头学习

雨晴是齿轮易创的COO[①],在课程格子时是我的助理,当时她还在人大读金融硕士。助理和别的岗位不一样,我们选助理,雨晴在各方面都受到我们的认可,而且她当时是很有勇气的,如果她去银行肯定比在我们创业公司赚的多。我和雨晴已经在课程格子磨合了一年时间,她很了解我的思想。在创办齿轮易创之初,我对未来怎么发展还不是很确定,我问雨晴她在北京的最低开支需要多少,我先自己给她开工资。她说五六千元,我们就这样开始了齿轮易创。

因为雨晴是学金融出身,没在咨询公司做过,她最初不清楚自己的角色应该是什么。她当时试着学习成为产品经理,可是成为一个优秀的产品经理很难,也需要很长的时间,但我们也需要产品之外的人员,比如商务和市场,比如COO。两年来,雨晴已经是一个独立的品牌。她代表公司去做展示,她现在的朋友圈应该比我广,这也是她个人的成长。我们团队最初只有两个人,是不完善的,但很快我们早期的核心团队就创建起来了。

第一桶金

虽然我们现在大部分客户是技术圈以外的,但第一批客户肯定是从家门口和熟人中做起。我们有一个优势,就是我们之前有成功的案例,但接第一批客户和接我们现在的客户还是有很多不一样的。当时公司只有我们两个人,印象笔记是个大公司,所以我们先从它们的小项目做起。这是我们第一次为其他公司做项目,主要目的是证明企业方案服务的需求是成立的。

服务早期客户更多的是学习和验证解决方案服务商行业该怎么做,那个时候的产品咨询是我亲自做的。我没做过咨询,但我是个好的工程师,我就把我自己当成客户的CTO,想我该怎么帮他们。后来我们开始招人,从产品经理开始。我亲自带他们,告诉他们怎么去跟客户做咨询,怎么去帮客户设计方案。后来又慢慢地增加了核心团队。招人就像是相亲,各种渠道都要用上,比如我们现在的产品负责人就是我们的客户,他跟我们做业务时,觉得我们很靠谱,他很感兴趣,就和我们聊,最后就加入我们了。招的人从哪儿来的不重要,重要的是适合。

---

① 首席运营官(Chief Operating Officer)。

公司定位

在课程格子这个 To C 项目后，我比较确定的就是想做一个 To B 的事情，就是为企业服务。因为之前 Palantir 的经历，当时考虑的一个潜在方向是做大数据。能帮助我们验证想法的比较直接的方法就是做咨询，看企业客户为什么愿意付费，就知道这个问题是否是值得解决的一个问题。

我们最开始做咨询是为传统行业做咨询，从身边的朋友或者朋友的朋友的企业开始，比如说做餐饮的、卖钢琴的。我们发现，技术在传统行业的普及远远比我们想象的差，很多企业根本就没有到要用大数据、人工智能的时候，它们缺的是基础的技术解决方案。它们都有迫切的技术需求，而这些需求非常不标准化，它们不知道应该找什么样的公司来帮助解决。我们发现，这才是中国企业真正需要的，至少是传统行业需要的东西。它们没有明确的标准产品可以采购，也不能用类似 IBM 或埃森哲这样的国际知名技术服务公司的产品。

最开始，我们给公司取了一个英文名字，叫 Gear，就是英文里面的齿轮，作为公司的代号。后来需要想中文名字，因为注册的时候必须要用中文名字，我们选了一些名字让身边的朋友和客户去投票，最后齿轮易创是得票最高的那个。现在看起来"齿轮易创"还是比较贴切的。因为齿轮是一个零件，配合在一起产生价值，我们齿轮的产品能力加上企业自身的运营能力，才会产生企业价值，最后产生社会价值。然后易创就是因为我们想要创新更简单，所以结合在一起是齿轮易创。

产品驱动

简单说我们就是帮企业做解决方案的。什么是解决方案，就是客户可能有问题，而这些问题我们是可以用产品或者技术解决的。我们参与到客户公司内部，了解他们的问题是什么，然后给他们出产品或技术方案，也包括方案开发，这是一套整体流程的服务。

我们主要解决的是两件事情，一件是让企业赚更多的钱，一件是帮企业省更多的钱。赚更多的钱可以理解为，帮助企业思考怎么进行互联网升级转型，例如传统行业怎么用技术获取更多的流量、扩大市场、提高用户体验性。节省更多的钱主要是指帮它们更好地内部运营，比如说，用上类似 CRM、ERP 这样的系统，可以更好地物质式办公，可以优化流程，去掉不必要的人力成本。

和传统意义上的只做技术开发或者技术外包的业务不同，做方案需要产品驱动,所以最后不是给客户一个软件,而是帮客户解决一个问题。这个事情的核心是要从产品经理的角度去想,这个问题分解下来到底落地成什么东西才能解决,以达到客户的目标。所以我们是一家产品驱动,而不是软件驱动的公司,也算是产品咨询公司。我们通用的思维是把这个产品服务带到各个领域去。我们不只是为某一个行业设定的,所以现在我们做了十几个不同的行业,积累了上千个项目案例。

发展多个行业的客户

律师行业。举一个元甲律所的案例,它是北京最大的交通事故方面的律所之一,差不多每年要处理一千多起北京的交通事故案件,占北京这类案件的三分之一。元甲律所有 100 多位律师,处理业务量比较大,所以有一套自己的管理模式,叫作“元甲模式”。交通法是一个比较流程化的东西,它的定责比较明确,判的严重程度很多时候就是根据损失、有没有伤亡等客观因素决定。我们帮元甲做的一件事就是根据他们律所的办案流程做办案系统。他们内部是非常流程化的,有前台的接待、受理的助理律师、主要的律师,以及跑医院、看伤亡情况的地勤人员等。之前,他们主要是纸质办公,所以有很多文档、文件夹传来传去,是效率相对比较低的一个形式。

我们产品经理最开始跟他们一起走了所有的办案流程,了解他们有几个角色,每个角色在哪个阶段介入,每个阶段可能会有哪些权限的限制,要产生什么样的合同,最终形成一个决策树,根据这些条件最有可能出现的结果是什么,全部形成一个集成的办案系统。这套系统可能可以节省他们 30%的人力成本。从之前一个纸质化的东西,变成一个系统化的东西,这是我们给企业提供帮助的一个具有代表性的案例。作为律所,他们的核心竞争力不是技术。你很难想象一个律所会有自己的软件工程师、产品经理、设计师。但是,律所又是相对小的群体,中国只有 30 万律师,并且每一个律所都有自己的办案体系。不是买一个软件,就可以解决所有问题。齿轮易创恰恰是解决这一类问题的,就是影响内部运营的各个环节,形成新的高度和价值。齿轮易创的产品咨询加方案落地的服务,就是去帮他们从这个概念开始设计,直至落地。元甲律所这个项目,从“0”到“1”可能就花了 3 个月的时间,很快让他们用上了这个系统。

公装行业。inDeco 也是类似的,这也是一个行业的互联网转型,inDeco 定位自己为互联网公装公司。公装其实是一个非常传统的行业了,供应商、施工商都是传统意义上的线下作业的人。我们帮 inDeco 做的一方面是他们的品牌重新定位,包括他们怎么设计对外传递信息的公众号和网站,另一方面就是内部的运营和协作系统。他们一年有上百个装修项目,每个都需要报价、设计、设计师,到供应商管理、库存管理,要选软装、硬装施工方供应商,项目管理,这些全部可以定制化。他们需要的相当于一个公装公司的ERP[①]系统。inDeco需要管理的人员加上供应商有好几百人,都依赖产品实现有序运转,我们也会根据市场情况和业务需求帮他们进行迭代。相当于我们做了整个企业内部的信息化管理。

外企。我们其实也帮助了很多外企,这些通常是大公司,包括亚马逊、Visa、格里集团。这绝对是“腰部”以上的企业,它们至少是世界五百强或者说估值10亿元以上的企业。这些企业有一个共性的问题,也是我们业务所针对的一类问题,就是它们面临着来到中国的本土化问题:一个是“水土不服”,还有一个是怎么用中国的方式去触及它们的客户。以亚马逊为例,亚马逊在中国受到了很多政策监管和限制。它是运营商又是外企,在中国很多业务需要通过供应商提供,所以需要外部的系统和内部的系统的衔接。这套系统就是它们需要一个本土化的公司去帮它们做的。

教育行业。教育行业相对来说是我们服务的比较大的一个行业,我们做了比较多的教育相关的产品,因为教育行业已经走到了转型的阶段。真正想做教育的人,实则是希望通过互联网,转变教育行业存在的弊端,抚平三个痛点:省时、省钱、提升质量。例如,在没有互联网平台的昨天,如若想找寻一对一辅导课,大多会选择中介机构、熟人、自己的老师介绍等;而在今天,互联网作为渠道,给消费者提供更大的选择空间,我们可以通过智能化、数字化的手段,更精准地匹配到适合自己的教育方法。齿轮易创现在做的,是以现今教育产品的差异化需求为基础,从智慧教学、大数据协作管理、云资源共享、教育安全等多层面入手,打造覆盖教育行业全环节的智能技术解决方案,赋予教育行业智慧转型更高价值。

目标客户和市场

我们主要服务的群体是传统一点的行业的“腰部”企业。所谓“腰部”企业就是,可能公司规模是一百人到几百人,年收入可能是几千万元。对这类企业,投入几十万元到IT系统不算多,对它们来说更重要的是,这个问题需要找谁去解决。对于这个阶段的企业,你要证明的是你能给他们创造价值。因为

---

① 企业资源计划(Enterprise Resource Planning)。

它们可能以前启动过这件事情,要么就是很慢,拖了好几年,要么就是可能找不到合适的人,产品没上线。

我们选择企业是有共性的,主要是两点。第一点是这个行业是缺技术的,在这种行业我们的杠杆效应是最大的,不只解决了临时性的问题,否则到最后他们解决问题之后就不需要你了。我们的客户群体是受到两边挤压的,其中一边是他们的市场竞争,互联网公司越来越倾向传统方面的行业,餐饮、教育之类的行业都互联网化了。所以他们面临的是新的互联网玩家进入他们的行业进行竞争,他们和他们的竞争对手同样需要互联网,这是市场挤压。第二点就是成本控制,至少我们了解了一些行业最近十年内蓝领的收入,劳动力成本增加特别快,所以十年前他们用不着系统优化。现在,消费水平没有涨那么多,但劳动力涨了很多,所以他们不能再靠便宜的劳动力来做这件事情,否则无法竞争。

竞争优势

第一,年代不同。其实我们看到的近几年的方案在十年前都是不存在的事情。很多做信息化的企业,特别是大一点的企业,比如中软这样的上市公司,出生的年代和我们截然不同。当年他们是以人力外包为主,主要是出海服务国外,他们的模式现在服务于华为这样的企业,仍然是以人力为主。他们做的系统还是非常庞大的,当时并没有什么精益的方法去做事情,所以当时做一套系统可能要几年甚至更久。现在我们用互联网的思维与方式去做,一个项目的周期只有三四个月。现在企业的普遍需求呈现在小程序、App 或者 H5 之类的平台上。即使是大企业,需要的东西也是非常接近用户端的,比如移动办公。移动办公这个概念在十年前其实是根本没有的,或者说是不普及的。手机应用市场是近十年前才出的,微信才四五年,小程序才一两年,所以在这些平台出来之前的方案公司跟我们这些公司出生的环境不一样。我们一出生不可能选择跟他们竞争做大型系统,我们只能思考着怎么做 App,怎么做小程序。正好,现在的趋势就是大家需要新平台。为什么有很大一部分巨头或者传统的方案公司,他们的市场广阔,也很赚钱,但跟我们这样的公司是有断层的? 因为相对来说,我们的目标他们是不好完成的,就像我们不好完成他们的一样。

第二,如何规模化。这其实跟企业的初心有关系。其实中国很多方案公司,特别是小型的,这些方案公司大部分是没有品牌知名度的,这些机构成立的初心并不是去系统解决一个企业的问题,而是去做生意,赚快钱。国内大概有几万家这样的传统外包公司，规模大多不超过 20 人。这里会存在一个天然壁垒，因为他们的初心就是，如果超过几十人，管理模式就会不一样。二三十人去接两三个大型项目是过得最舒服的阶段。如果从个人角度出发，只是想过得好的话，就别做大公司，做一个小公司就很舒服了。同时通过各种关系，可以获得稳定的项目来源。而我们的初心不一样，我想改变这个行业，想做得足够多，希望哪一天能服务 100 万家企业。从创业的第一天我就开始想怎么做 100 万个案子，正是因为从开始就把侧重点放在这方面，不知不觉就能得出一些结论，从而帮助我们在管理方面变得不一样。

比如我们的管理需要非常标准化、流程化。如果单纯靠堆人的话，那就得正好碰到、招到好的人，这个难度非常大。所以我们内部具有完整的产品经理培训体系，也就是说产品经理如果学习能力足够强，他之前的经历不影响他在我们这里做项目，我们能够在几个月内把他变成可以做咨询的产品经理。我们有一套自己的知识体系，其中包括了我们所有的会议记录，出过的所有方案，我现在就可以从我们的系统中调出我们两年前出过的方案，可以看到在那个方案中我们花过多少钱，我们预估了什么，当所有的数据积累在一起，我们就可以从中找共性。所以我们的初心是要做一个量产的工厂，而不是小作坊。

这两年走过来，积累得也挺多了。我们用自己开发的项目管理系统，配合我们的管理方式来管理工程师和项目，把项目过程拆分到更细的程度。我们会把项目上的每个细节理性地做切割，结合软件工程，细分给各个岗位。我们现在一个产品经理差不多可以并行 8 个项目，而这也是我们要控制的一个额度。

运营模式

我们在做技术咨询，在这个背后，其实是有很多技术沉淀的。如果每年只服务几家公司，其实和一个传统咨询公司是没有区别的。通过服务更多的企业，我们逐渐看到不一样的东西，我们会想用什么方法去提高效率和质量。

我们从初步成立到现在差不多三年时间，交付了几百个项目。当我们看到几百个项目的时候，会发现其中有很多共同的东西，而这种共性是在看一两个项目的时候看不出来的。比如我们会发现教育行业客户希望实现的会员管理系统和一个零售行业的积分系统可能是非常相似的，可是这两个行业平时是没有什么交集的。我们内部开始做的一个创新就是我们再把这些方案抽象化，然后去想它们的共性在哪，如何去复用。

我们是一个相对小的团队，做了比自己大很多倍的公司做的事。而这里面可能牵扯到我们的管理模式、知识和技术的沉淀。我们的服务过程可以概括为四个步骤,这个是比较通用的。做事的逻辑方式大体相同,可我们注重的是理论下沉到实践之后得到的结果。一般我们的第一步都是产品咨询,我们了解客户到底有什么需求,然后我们给他们出这个方案。剩下就是设计、研发、测试上线。我们内部的优化大多在第二、三、四步,而这些其实是一个软件工程的问题。就是怎么样可以高效率同时管理40多个项目,40多个项目相当于40多个团队,每个团队都要单独保持他们的开发进度和质量,我们一直在思考怎么样管理才可以不乱。最终我们希望通过持续迭代我们的运营模式,能一年服务100万家企业。

我们很幸运,在创业之初就得到了真格基金徐小平老师的支持。

我对天使投资的理解其实挺简单的,因为它的风险特别大,斟酌的时候我们遵循一点:人比事重要。因为但凡这个人有好的人品,并且足够努力,他即使换了方向,你只要一直跟着他就好了。一般会看两个方面的契合度,一个是产品和市场的契合度,一个是创始团队和产品的契合度。这两方面都合适的话,就可以投资了。我做这件事情,看起来蛮适合的,技术出身,之前又做过企业服务这一块;再有,市场需要这样的业务,“互联网+”就是想鼓励各个方面都去信息化,这个趋势已经在这了。

盈利模式

一个项目最终能做多大是很难预计的。如果做得好,就会想增加投入。我们只能在每一期的预估中控制它的规模,因为这是我们规模化的前提。如果你一下子要几百万元的投资,烂尾的可能性很大,风险很大。做一期项目,我们一般会限制在三个月左右,规模在十几万元到几十万元,而有些企业就会同时开两三个项目,拆分成好几期。

利润率的话,我觉得有两个,一个理论上,一个实际上。

实际利润率我们其实并不追求,是正的就行,因为我们做100个项目对于期望达到的最终目标来说并没有代表性,可能做到10000个项目才会接近那种目标。所以,我们现在会投入到不惜成本的项目上,去积累经验和锻炼团队。

理论利润率,我们会介于SaaS和传统外包之间。一般来说,发展公司做外包的利润率可能在20%~40%,有些大项目可能会有90%以上,正常来说20%~40%是一个合理的服务行业的利润率。我觉得这个标准我们肯定是达得到的,在理论上我们希望能够挑战一下,让利润率能达到70%~80%。这个需要从两方面讲，一方面是咨询的议价能力更高，一个咨询公司的价格是很高的，比如麦肯锡，差不多一个人一天的咨询成本就是5000美元，另一方面是他们的工资没有5000美元，差不多每小时100美元，一天就是800美元，在这个成本下，利润率就有90％。我觉得我们会介于这两者之间，我们创造的产品价值应该会是越来越突出的，再加上成本控制和规模效应带来的提升，利润率能达到70％～80％。

企业服务的类型

我觉得企业服务大致的类型有两类，一类是方案型公司，像我们，一类是像SaaS这种公司。SaaS不会完全“吃掉”方案型公司，方案型公司也没办法完全吃掉SaaS，因为越来越多的问题可以逐渐用标准化去解决，可持续会出现更多的问题，必须用定制化去解决。一个例子就是餐饮行业，餐饮行业是SaaS在中国普及率很高的行业，点餐、支付、叫号都有，光谷步行街美团外卖都有微信支付，所以SaaS在中国餐饮行业做得最好，这个行业是我们不会碰的行业，因为SaaS服务得已经很好了。我们专注做的是SaaS不适合做的行业，比如说法律行业。

我希望有一天，我可以选择退休，我不出面了，其他的人也很能好地管理公司。我觉得一个成熟的公司不应该依赖任何一个个人。我的目标就是公司要足够多元化，足够强大，有足够多的人可以独当一面，可以代表公司出来说话。所以公司早期开始我会刻意不完全代表公司出去，培养各个负责人出去。现在他们已经足够强大了，所以这个时候我就跟他们说，要开始往幕后退一点了，要有选择地让下面的人出去了，因为你们不可能永远是最能谈业务的人。

我觉得公司最大的卖点应该是公司本身，把公司的使命卖给投资人，卖给我要挖来的人。我希望客户选择我们，同事加入我们，不是因为我个人，而是因为认可我们公司和公司的使命。

人才选择

核心团队最主要的是价值观要一样，这个核心点是他必须要相信公司做的事和相信团队。万一遇到路上的坎坷，万一我们的方向要调整和更正，需要保证公司的核心成员、早期成员还有合伙人都会一直跟着。所以我觉得只用高回报率去说服对方，不会那么稳定。美国的公司在这方面意识是非常强的。大家最终都是为了钱，但是不能只为了钱，还要为了梦想，可能十年来前面九年都不会赚钱，最后一年才赚钱。

齿轮易创成员在办公室合影(2018 年)

标准一:是否真正对我们公司感兴趣。一般而言,我会从我的角度跟他们介绍我们公司是干什么的,然后我会让他用他的角度介绍我们的公司,从他的理解可以看出我们公司是不是吸引他。如果他很敷衍地说这个东西,比如说“我很感兴趣,这就是我想找的工作”,但是没法解释清楚他的理解时,我是不知道他是不是真相信的。

当然这个题目是没有标准答案的。比如有的人说看中的是我们的情怀;有的人说他身边的人有这种需求,这个痛点他很理解;还有人觉得软件工程非常有意思,能做的事情很多。我评估的是他是不是真诚地关注他感兴趣的这个点。有的时候很现实的答案可能会更好,比如他觉得这个东西挺靠谱的,盈利模式非常清晰,市场非常大,我们这个东西是可以做的。对于这个回答我觉得也挺好,例如如果他是做商务的,那我认为招过来就为了帮我们公司把产品做大。

标准二:初心是否和我们匹配。对于一些职能岗位的面试者,我会问他是怎么开始做这个事情。当然会根据他的简历情况,比如学计算机的来做产品和学艺术的来做产品是不一样的。我会听他解释为什么进入他现在的这个行业,当时的背景是什么,我们发现我们招到的人基本上不是本行而是来自各种行业。再者就是他做事情是因为需要工作还是他对这件事情本身是感兴趣的,因为在创业公司,如果你没有一点点享受的话也会很辛苦,只有真正喜欢,才会把东西做好,这个就是成就感的来源。

其实这个问题也没有标准答案。比如有的人说想变成张小龙，做出像微信这么有影响力的产品；有的人是想帮别人提升一个项目，改善别人的生活。这两个是不同的答案，但张小龙那个答案可能就不适合我们，更适合做内部产品的公司，将一个产品做到底，而不是为其他企业做产品。

我们是要为很多公司服务，做很多个产品，每个产品可能解决的是一个一线员工日常的问题。比如他每天花三个小时做的事情，通过我们优化之后只用半个小时。如果能够帮一个人节约时间就会有成就感，那这个人可能适合做我们的产品经理。

这个问题虽然没有标准答案，但是从他的想法中能看出来价值观与我们公司是否匹配。

标准三：能否自然相处。对我来说就是这个人，我能不能想象未来把他当合伙人来看待。如果有一天我去旅行，在孤岛上我愿不愿意带这个人一起。这所代表的就是我在这个人面前能不能足够自然，足够直接，不用绕弯子。要找敢说，敢批评的人，有些人我觉得能力上可能很好，可是我们之间就隔了点距离，我对他非常客气，或者说有点不好意思，这个时候我就会比较担心他进来了我们怎么去磨合。

最终目标

我们希望有一天能服务 100 万家企业，在这个衡量维度上，我们离最终目标还非常遥远。跟国内中小型咨询和外包型企业比，我们的进展还不错，一年做 100 多个项目，可能比一半的企业多。

美国和欧洲信息化时代都成就了一些很出色的公司，比如 SAP 和埃森哲。我希望有一天，别人回顾的时候，齿轮易创是中国信息化成就的知名方案品牌，哪一天我们能跟 SAP、埃森哲那两个公司放在一起，我们就已经很有成就感了。我觉得我们的企业模式跟中软那样的传统企业模式区别很大，我们所做的价值体系并不相同，我们解决的是另外一个问题。我们更希望，至少中国中小型企业在想方案时能像大家网购时想到天猫淘宝一样想到齿轮易创，认为这是个值得信赖的品牌。

即使在武汉，如果有朋友想开发什么东西，从不同渠道打听到的方案公司可能都不一样，没有公认的“好”服务商。因此我希望，齿轮易创最后可以做出品牌效应，而这个目标的前提是质量做得足够好，并且规模做得足够大。虽然我们现在的服务已经覆盖到了一些城市，但总部办公室还是设在北京。如果我们服务不了武汉的企业，那么我们的品牌对武汉就没有什么价值。于是我们也希望业务能够拓展,内陆的话就从武汉开始,原因一方面是我们这些研发可以更多地投放到武汉,武汉有非常好的研发资源,所以武汉可能更适合我们的工程师工作,另一方面是武汉的企业种类非常丰富,不受限制,所以武汉的客户群体更有创造性。

阿博茨余宙:服务头部客户发力 AI+金融

【企业概况】

北京阿博茨科技有限公司成立于 2016 年 5 月,是一家以人工智能技术为核心的金融科技公司,致力于将人工智能技术赋能于金融业,为专业投资者提供全方位的技术服务。经过与数十家国内外顶级机构合作,阿博茨科技打磨了成熟的人工智能十金融的解决方案体系,成为金融与人工智能之间的黄金纽带,受到了业界的普遍认可,是中国金融科技创新模式的探索者和行业领先者。公司设有南京、武汉分公司,拥有上百位人工智能、大数据、金融量化领域的专业人才。

【口述人简介】

余宙,2008 年本科毕业于华中科技大学软件工程专业;2007 年荣获微软全球软件设计大赛中国国内赛冠军,同年受邀到比尔·盖茨家中做客;2010 年和华中科技大学联创团队多位核心成员一起,在武汉创立百纳信息技术有限公司,集中研发出海豚浏览器,担任产品副总裁兼首席产品设计师;2016 年和杨永智共同创办阿博茨科技。

【创业心路】

从大学到创业

初入联创　扬帆起航

我在大学期间曾加入华中科技大学联创团队。在我进队的第二年，团队组织招聘时，通过全校宣讲会以及其他渠道报名并参加初试的学生，共计 300～500 人。但是由于考题过于“变态”，远远超过大一学生的学习进度，很多学生在第一场笔试中尚未答题便选择放弃考试而离场。我之后才明白过来，其实联创团队想要考察的并不是学生在当下掌握多少知识，而是要考察这个学生是否有决心、勇气以及学习的能力。我当初参加笔试时也没有答出每道题，但是，这些题目给了我思路，包括对事情的看法和未来的期望。从那时起我就一直很认同联创团队考察人员的方式，在我的第一家公司、第二家公司，我在筛选、考察员工时也是更看重应试者的坚韧性和学习能力。我当年共有六轮考核，包括三轮笔试和三轮面试。

我印象最深刻的是联创的最后一轮笔试。那是一场通宵笔试，地点在华中科技大学沁苑的一栋楼房，也就是当时计算机学院的研究生部。后来，那里也作为活动场所；在联创团队比赛获奖后，成为了联创的大本营。当时联创团队是通过电话通知参加通宵测试的学生的，大致是说：今晚九点在某处集合，带上所有你需要的生存装备，可以带被子，当时是冬天，书以及电脑。等学生进入测试地点，到晚上九点则会告知大家，在关门之前还有机会离开，而关门之后直到第二天早上六点才会开门，这期间将进行通宵测试。之后便把题目发给参加测试的学生，同样是特意挑选的学生此前没有注意过的冷门知识，包括算法、软件设计、编程或是加上其他领域的知识。在现场，联创也会提供所有的电脑和资料，但是确保考察的题目一定不是学生之前接触过的，所以这天晚上是能力、心力和体力的三重考验。我记得第二天早上六点，我做完通宵测试，交卷走出考场，去沁苑附近的食堂吃了第一笼出锅的包子，当时感觉找到了组织和方向，真的有一群人是特别有激情、特别拼命的。

但是,在我刚开始觉得特别放松的时候,联创又立马给我打来电话,通知团队之后还有招聘,请大家到某地点去领海报、贴海报,我瞬间感到了崩溃。所以说,那是对人的一种磨炼,在“变态”的测试之后,我终于成为了应试的300多人中仅仅录取的6个人之一,可以说是“百里挑一”了。包括寒暑假,联创团队规定每年只有三天假,通常大年三十、初一、初二或者初三,团队就要集合,不能回家过年。也因此,我每年都能蹭上百景园为不回家过年的学生特别开设的年饭。

走出国门　参加比赛

经过先前的磨合,联创团队逐步进入飞速成长期。2005年前,在香港中文大学举办的两岸三地程序设计比赛中,联创包揽了个人赛前十名中的七位;团队赛中,联创则是内部组成了多个小团队,最后在团队赛的前二十名中也占据了十几个席位,所以联创最终包揽了比赛总奖金的60%。这次经历在我们看来就是“人多力量大”。其中,在准备香港中文大学举办的这次比赛时,联创还做了有针对性的答题系统,比赛前的一个月恰逢学校假期,这期间我们找到了知识库,研究了如何排单、如何将任务分派给不同专业的团队成员,并做了多个服务系统,以求提升团队的答题效率。

2005年,团队开始参加全球比赛,并且只参加全球知名的比赛,同时还有两点要求,第一是要奖金高,第二是要决赛地点在国外,以求增长见识。2005年,联创团队在日本参加微软创新杯决赛,拿到了软件设计的第三名,并获得了7000美元奖金。2006年,联创团队参加了微软创新杯并前往印度参加决赛。2007年,联创团队再度参加微软创新杯并成为全球TOP10团队,我也正是参加了这一次比赛,作为全球TOP10团队受邀到比尔·盖茨家中,亲自演示了获奖作品。2007年,微软创新杯决赛在韩国举行,参赛团队可邀请一位学校老师作为评委。联创团队邀请了时任华中科技大学校长李培根“根叔”。

在联创团队的成长过程中,许多老师都对我们给予了莫大帮助。机械学院的袁建春老师,原物理系的团委书记、现就职于艺术团的姜芳老师,都为联创团队做出了很大的贡献。姜芳老师当时是辅导员,给予了联创很多支持,其中最重要的,一是帮助联创团队在校内租到房子作为基地,由于是民宅因此是付费的;二是给予了团队自由,这是最大的支持。

厚积薄发　团队升级

在2006年联创团队出发前,学校只是觉得这个团队不容易,也没有想到能够做出多大的成绩，直到 2007 年，在首尔参加微软创新杯时才感到有所不同。当时，全球六七十个来自不同国家和地区的学生齐聚首尔，只有每个国家或地区的冠军才能参加决赛，联创团队正是其中之一。当时首尔还叫汉城，决赛便是在汉城最好的酒店华克山庄举行，整座酒店位于山顶。在华克山庄，晚上十点多，根叔请联创团队成员下楼喝咖啡，说这一次比赛让他很是感慨。根叔和联创成员聊天时，他说他受到了两个冲击，第一个是相比于之前参加的国内由学术界或者机构所举办的比赛，如挑战杯等，像这样的国际化的、商业化的比赛，更多聚焦于解决实际问题，有一个实际的公司和业务上的问题，即如何通过科学技术更好地为教育行业的公司和企业去服务。第二个冲击是，微软创新杯决赛的参赛者多是和联创团队相似的民间组织，而非官方的组织，如微软俱乐部、计算机协会等是在国内赛便输给了联创，官方组织与民间组织风格存在差异，但是民间组织也能做出事来。聊到这里，根叔说想要在学校盖一栋楼，把学校里所有有想法、有决心、有能力的人都聚在一起，提供一个很好的环境，让这些游离在外的民间组织都能够找到一个归宿。

根叔同时谈到，在学校里他也看到了联创团队这些年的经历，感受到了原来学校里还有这样一些人没有得到足够的支持和帮助。于是根叔承诺要给我们提供更好的支持。2007 年年初，当时我们从韩国比赛回来后就搬进东七楼，这让我们感受到了根叔的言出必行，为了切实满足学生的需求，筹备工作进展特别快。我记得当时根叔经常和学生走在一起。比如，根叔经常晚饭后去东操打篮球，而打球的同学大多觉得老人家应该注意身体，考虑到天色暗，担心会撞倒根叔，便不愿和根叔打球。根叔当时很失落，说是想尽可能多找一些机会和学生在一起。

联创团队最早的资金来源仅有比赛奖金，全部奖金均投入到团队建设中，包括买电脑、买书，参加会议，以及各种各样的培训。由联创核心成员创立的百纳，其成立之初的资金也是比赛奖金。启明学院起初也是如此。现在的启明学院在华中科技大学软件学院附近，以前的启明学院设在当时沁苑的研究生院，就是东七楼。联创团队便在研究生院的楼顶租了块地方，当时没有空调，便买了几个鼓风机，其实也就是蹦床用的风扇。在联创比赛拿奖之后，刘玉老师去那里和他们做交流，说“你们也是挺不容易的”，此后，联创团队和刘玉老师保持了频繁的交流。

大学带来的影响

我认为大学主要给我带来了两个层面的影响。

第一个层面,从个人发展的角度,我一直觉得学习能力是最重要的能力。在某领域进入了舒适圈的阶段,往往就是个人不会成长的时候。我就是一个活生生的例子。在学校最开心的时候,是最初永志和我说一起做服务器的时候。有一次,在我参加项目拿到一定名次之后,第二年打算再次参加同类型的比赛争取拿到第一名。这时,永志对我说应该去挑战软件设计。等到我拿到微软全球软件设计大赛的冠军后,我就想着可以第二年再去参加,有经验、有资源,就可以更轻松地拿到好名次。这时,永志又立了一个更大的目标:我们去创业吧！于是,我们就从外包做起,期间还曾为很多机构做过 OA[①] 项目,非常辛苦,甚至还曾抱着电脑、抱着显示器、抱着被子在街上走。那时还没有笔记本电脑,我们就自己带着电脑,带着大块头的显示器,抱着去坐火车,因为客户说第二天必须到场,但是又买不到坐票,我们就只好把所有显示器摆放在火车过道上,就这样一路到了北京。那时我们还在给别人做项目,在回龙观租了房子。那时很有意思的是,夏天来了,我们七个人就只有一条长裤,于是谁出去见客户谁就穿那条裤子。

由于中国市场的环境比国外恶劣,很多公司就选择不做国内市场,就安安逸逸地在国外。但当时我们就是不愿意服输,"在哪里跌倒,就在哪里爬起来,就要一直干"。对我来说,技术这个领域我是专业的,但金融领域我却不是专业的,那我就去做实习生,去给别人做助理,去了解这个市场。我们现在的金融知识储备已经绝对不亚于中层的专业金融人士。因为我们拥有足够的学习能力,也愿意去做,因此能很快地了解这个行业。

第二个层面,大学对我来说最重要的意义是把一群有同样理想和目标的人聚在一起,这也是我们为什么要上好的大学,选择好的专业以及好的同学、团队和伙伴。当时之所以加入联创团队,也是因为在这里可以与和我一样的人在一起。如果换一所一般的学校,可能身边的人或者是只会吃喝玩乐的,或者是很涣散的,即使我自己再有野心,也很容易随着大众的潮流和趋势而湮没。因此我觉得好大学最大的价值和优势便在于有能力挑选最好的学生,把一群志同道合的人聚在一起,并提供一个平台给学生,给予他们足够的空间和最大的支持。因为如果没有老师的支持、开明的思想以及学校品牌下所拥有的各方面的资源,学生想要做成、做好一件事也是很困难的。我相信当最好的学生聚在一起,并拥有足够的空间和最大的支持时,这群聪明的人总会干成一件事情。这样的团队氛围总是能够激励人的。

---

① 办公自动化(Office Automation)。

我在大学期间的一群兄弟可以说是我最重要的收获。当遇到事情，即使挑战再苦再难，当有一群人和自己一起计划梦想，一起做这件事，便会觉得其实这件事也不算什么。我觉得能成功是一件挺幸运的事。我认为，有时候有人会说做不成是必然，做成了是另类，因此做成事真的需要天时、地利、人和。2008年，我们刚好赶上了移动互联网迅猛发展和创业的浪潮，但在这之前，就如《异类》这本书中所写到的，首先要经过10万个小时的训练。当我们“经过10万个小时的训练”，同时更重要的是又遇到了时代机遇，事情就变得更好了。

首次创业：公司的创建

百纳信息技术有限公司，简称百纳信息，成立于2010年，成立之初，李培根校长也曾参与。2011年到2014年，百纳信息迎来快速成长，全球用户总量达2亿。期间，2011年百纳信息获得了红杉资本投资，2012年获得了高通战略投资，2014年正式接受搜狐畅游收购股权。

在我看来，海豚浏览器是一款To C产品，全球共有2亿多用户，总量大、人均大。因此，在海豚浏览器总用户数到达1000万以前，它没有商业模式，也未能招徕客户做推广，所以那时很难盈利。当用户总量超过1000万后，商业模式才开始显现。因此它的启动成本特别高，前期始终处于烧钱的状态。海豚浏览器的经历使得我和共同创业的伙伴在之后的选择中明白，需要寻找一个大公司暂时看不上而小公司暂时够不着的领域，它应属于一个垂直细分领域，但是它的市场应足够大。

国内的创业环境太过残酷，这也是我们2014年最终选择出售百纳信息的原因。浏览器是进口产品，竞争的核心是流量。而流量对于各家公司而言是一样的。当时有多家公司与我们团队洽谈，包括BAT、小米、360、搜狐等，最初不是谈收购，而是谈合作。当时，百度收购了91，实现了整个应用市场的渠道分发；阿里收购了UC，完成了投靠上的分发；360则有自己的安全领域的产品和浏览器，在PC市场占比都比较大。从这一点而言，在流量的统治下，海豚浏览器做国外市场还算滋润一些，竞争虽然也很激烈，但相对文雅，全凭实力竞争。但是在国内市场，海豚浏览器即使给他人做推广，他人也不会为海豚浏览器推广，国内市场的商业规则下，“每家都有亲儿子”，因此国内是“剩者为王”。

关于人工智能一直存在两大派系的争执，围绕人工智能能否取代人类工作而展开。保守派认为人工智能没有作用，人工智能不能帮助人类决策应买哪支股票；另一派则认为，AlphaGo都已战胜人类，人工智能将在多方面强于人类。事实上国外已有70%的交易由机器完成，我认为技术的作用一定是推动行业的发展而不是取代人,因为金融的本质是人和人之间的博弈,技术应帮助人掌握信息的优势,而不是如下棋一般的零和博弈、打赢即可。

在这一段经历中,我认为最大的收获是我和同样来自联创团队的创业伙伴,迈出了从学生团队到正式创业圈的第一步。我们要比其他人更幸运一些,虽然最终结果未能达到所预期的敲钟阶段,但是对团队、对个人来说均是不错的经历,已胜过大多数创业者。到2014年7月我们正式出售,中间18个月是检索期,我们用那个时间去锁定目标。而阿博茨科技自2016年5月正式成立这18个月以来,我们主要通过人工智能技术对多个行业进行支持。

二次创业:金融市场信息战

第一次创业结束后,我开始寻找新的机会与方向。当时,国内一些专业的金融机构之间竞争十分激烈,因为机构之间、金融市场之间的数据非常多,其实也就是在打信息战。这其中存在的难题是,如何在海量信息中寻找到有用的信息,我认为这就像在垃圾的海洋里遨游,在万分之一的消息中挑出对自己有用的消息。每天产生的信息,可以分为结构化数据和非结构化数据,其中能够被金融行业使用的不到20%,剩下80%的信息以文档形式呈现,比如公司报告、债券评级报告等。因此,金融行业存在一种"神器"——实习生,由实习生对难以直接使用的文档信息进行人工处理。例如,当需要了解一份财报时,便交由实习生进行信息梳理,如在Excel表中把所有今年构成投资的公司列出,标注是否上市,并对其估值和融资规模进行备注。金融行业每天花费了大量时间处理这类信息。以长江证券为例,今年暑期共招募了500多个实习生,其中研究生仅几十人,每个人都有多个助理。而为了了解金融行业及其中的一些信息,我曾经也成为实习生中的一员,承担打印等工作,这期间我将获得的信息传给自己的技术人员,以完成信息的再传递。

因此,我认为通过人工智能技术对金融行业进行支持是一条可行的赛道。运用人工智能技术,金融行业原先需要大量时间处理的数据,可能仅需要一至两个小时便能够完成。这其中需要两项核心技术,也即人工智能中最重要的两项,一是机器视觉,二是自然语言处理。机器视觉当前在金融市场中应用较多,较有名的有视觉处理领域的旷视科技,主要提供人脸识别服务,还有车辆识别,以及无人驾驶等。其实,阿博茨科技所使用的也是同样的技术,但其识别对象由视频转变为文档和应用程序,它作为数字世界的摄像头帮助人完成大量数据的查看工作。自然语言处理,则是对所看到的信息进行解构,从而能够明白其中的含义。

赛道：人工智能+金融

赛道选择

我们此前也曾投资过以图像影像识别为主的医疗影像事业。在几家较好的公司中，我选取了一家进行投资。这家公司的三位合伙人很合适，一位做技术，一位做临床，因此比较有经验；最重要的一位曾经负责 CT[①] 机的市场和营销，与医院建立了很好的关系，因此能够拿到大量的医院样本数据，出售 CT 机时搭配一套数据，我们就可以对此进行分析。我认为，大部分人工智能行业难以维系的关键在于数据问题，如同发动机没有汽油、狙击手没有子弹，那永远都调教不好。健康、教育、医疗、保险等行业便属于数据不成熟的行业，数据均在线下呈现，而只有证券行业属于数字化行业。我和创业伙伴选择了人工智能结合金融这一方向，主要有以下三个原因。

第一，人工智能属于我们专长的领域，金融是数字化程度最高的行业。我认为，人工智能和数据的关系就像发动机和汽油的关系，人工智能是发动机，数据是汽油，只有将汽油不断灌进发动机中，发动机才能运转正常。金融行业的数字化程度非常高，选择二级市场，其所有数据是完全公开的。这能够很好地为人工智能提供原始材料。同时，如果使用私有数据，易被他人质疑存在内部交易。

第二，商业模式清晰。医疗、教育等行业在商业模式上存在困难。比如医疗行业，谁愿意付费便是问题所在，这并非技术优劣问题，而是涉及其他影响因素。以医院为例，如之前每天可接待 10 个患者，现在能够接待 50 个，这虽然不能表明之前的技术不好，但是，第一，从患者角度来说，患者更愿意相信老医生；第二，从医生角度看，尤其是名医，其工资水平与接待患者的数量无显著关系；第三，从医院角度看，医院能招聘到更多好医生，便能够吸引患者，而是否提供技术更好的系统并非最终影响因素，即医院仅需做好品牌宣传，招聘到好的医生即可。

---

① 电子计算机断层扫描(Computed Tomography)。

第三,作为垂直细分领域,金融行业属于大公司暂时看不上而小公司暂时够不着的领域,且市场足够大。金融是一个很大的概念,其市场足够大,其中也有着众多细分领域。比如 BAT 虽号称做金融,但其主打 C 端做支付,面向消费。而市场上真正面向金融行业专业的、顶端的用户,即面向金字塔前 20% 用户的产品并不多。例如 Google 的产品为千亿美元级,尚未上市,其一个终端售价便达两亿多美元,是一个非常垂直细分的市场;而国内如万德的产品为 30 万元级规模,年收入近 20 多亿元,市值达 100 多亿元。在金融领域,20 多亿元的年收入对于 BAT 而言份额较小,但是对于大多初创型公司而言,已是很大的份额。

商业模式选择

在商业模式选择上,即在商业战争中优势是什么,作为一家技术公司,到底是"雇佣军"还是"军火商",我们用了一年多的时间去摸索。具体而言,从离开百纳信息到选定阿博茨科技现在的方向,期间经过很多探索和尝试。首先,是确认我们团队基因是什么,适合做什么事。每个团队都有自己的基因,如同百度做不成社交,阿里做不好搜索,腾讯做电商、做搜索也未必能赢过其他公司,基因决定了公司能够走多远。从模式层面而言,我们是以技术和产品见长,故而当时曾对最新的技术,如 AR、VR[①] 包括实体机器人均有过了解;从应用层面而言,医疗、健康、保险、教育行业,我们团队均曾尝试。

2016 年,我们曾尝试区块链+互助保险业务。互助保险是保险的起源,例如 19 世纪英国 50 家货运公司建立了互助资金,一旦遇到翻船事故、货物丢失等情况,则利用互助资金对事故公司进行救助。类似的互助保险相比商业保险成本要低很多。当前也有很多百年的互助保险,如纽约的互助人寿、日本的健康保险等,与国内的平安保险是不同的。商业保险价格高、成本高,而保费低,究其原因便是中间存在的运作成本高,因此我们团队希望利用区块链的去中心化、透明化,保证账目的准确和透明,实现 ABC 模式,即人工智能+区块链+云服务。但是经过实践尝试,便会发现理想很美好,现实很残酷。主要问题在于虽然区块链从技术角度非常好,包括其去中心化、技术先进性等,但是在国内其最大的问题首先是去中心化"比较刺眼",(监管机构)无法进行管理。

① 虚拟现实(Virtual Reality)。

因此从商业模式而言，国内只能发展ICO[①]，但是，从募资角度而言，其中则存在很高的风险。在真正做的时候才感受到里面的水也是很深的，挺浑的，而且处于非常初步的阶段。

首先在行业方面，2016年年初，国家政策出台，对相关金融机构发布牌照，并要求必须持牌才能从事互助保险行业。保险行业收益率很高，区块链技术亦很好，两者相结合便能够发挥作用。但是互助保险触动了原有利益集团的奶酪。我记得，最初收购牌照需要200万元，很便宜；而等到有风声说需要牌照时，牌照价格水涨船高至5000万元；再到需要真实注册时，注册资本则已经涨至10亿元。因此，我们在保险行业被完全隔离。就当时而言，关系到利益集团是很重要的事情，需要谨慎考虑。

其次在商业模式方面，我们团队原先希望赚取的是中间系统的尾部费用，同时，全过程中所涉及的资金在区块链上均有清晰记录和呈现。但是，在商业模式上我们团队仍遭遇了质疑：一是如何盈利；二是资金实际在公司账上，存在挪用资金的风险。因此银行要求我们进行资金托管，这需要高昂的托管费。现在回想看来，区块链＋互助保险属于半公益半商业模式，利润率不高，更多的商业模式在于发展到一定阶段后的引流，由此考虑，这一商业模式不够成熟。

认清方向　把握机会

区块链＋互助保险可以算是我们团队新公司的第一次尝试。此前我们亦曾尝试过实体机器人行业，是在区块链前的人工智能尝试时期，两次尝试最大的区别和带来的冲击便是选择行业、选择时间点的切入。

首先，时间点切入选择十分重要。在我们团队尝试实体机器人时，机器人实物已经完成，但是由于事件过早，从做好到能够实现商业化，等待用户形成相关意识，可能需要5～10年的时间。而在当时，我们很难获得投资，投资者会质疑何时才能等到机会来临。因此，我们选择改变思路，没有继续尝试实体机器人行业，转向做投资，包括成立一些天使资金，规模有1亿～2亿元。我们团队选择投资一些领域也是为了更好地去了解相应领域，包括之后的人工智能结合医疗、健康以及教育。

其次是从尝试保险行业得到的经验教训，即要成为“军火商”，而不要成为

---

① ICO：initial coin offering。ICO是一个区块链行业术语，意为首次代币发行。

"雇佣兵",因为"雇佣兵"相当于直接参与战争,直接控制了钱,但这类事情在国内存在较高风险。当时曾有人提出区块链可以结合保险,可以结合 P2P,即可以做信贷、信用行业。在那个时间点,是在权衡利弊的阶段,无关是否透明,而是在于胆量。最终,我们团队决定做"军火商",在金融领域用"军火商"模式十分奏效,这样的"武器"总有客户会购买,别人买了自己不买,那自己就要"挨打"。在这种模式下,我们便能够提高产品档次,客户只能以高价购得,而且国内金融市场的客户,是处于金字塔顶层的那 20%人群,如券商、基金等,其拥有更多的现金"武器",能够更快地去收割。

卷皮网夏里峰:自我造血创新平价电商模式

【企业概况】

武汉奇米网络科技有限公司(卷皮网)成立于2010年8月,是一家服务消费者日常生活所需的平价生活电子商务平台,专注为消费者提供平价商品和更好的购物体验,是一家专注高性价比商品的移动电商。2016年6月,获得三轮融资,累计融资额近10亿元,成为当时国内最大的未上市电商企业之一;2016年7月,入选工信部发布的中国互联网企业100强榜单;2016年11月,入选德勤高科技高成长中国50强,同年进入亚太500强前十名;2017年4月,入选2016年度最佳互联网投资案例;2018年3月,科技部火炬中心公布“2017年中国独角兽企业发展报告”,卷皮网名列其中。

【口述人简介】

夏里峰,2006年本科毕业于华中科技大学通信工程专业;在校期间参与PPTV早期创业;毕业之后进入华为工作,历经国内市场部,海外市场部,而后派驻海外数年;2009年,与校友黄承松共同创业,开创“九块邮”导购商业模式;2012年,与黄承松共同创立卷皮网——服务消费者日常生活所需的平价生活电商,担任联席CEO;2017年2月,当选武汉市政协委员,同年5月荣获“湖北青年五四奖章”。

【创业心路】

先工作后创业

2009年，我与师弟黄承松共同创业，用兼职赚到的钱作为创业资金，做电商导购网站卷皮网。到2012年的时候，卷皮网还未有投资人投资，不过已有投资机构有投资意向。那时候，光谷的创业热潮还没有完全掀起，差不多也是我们拉开了序幕。做卷皮网的时候团队有二三十个人，后来逐渐通过融资获得了大量资金，人员规模也扩大了。目前公司规模已经近千人，年成交额达数十亿元，用户规模突破1亿。从用户规模看，卷皮网已经仅次于淘宝、京东、唯品会、天猫、蘑菇街等国内主流电商，进入电商第一阵营。

卷皮网年度优秀奖颁奖典礼上，优秀员工合影

我们处于互联网行业，这个行业是瞬息万变的。我觉得我们的竞争优势还是创始人团队做事比较务实，也比较有韧性，这和华科的基因很贴近。我们融资不是靠未来的蓝图，而是靠市场地位，在融资过程中，投资人愿意投给我们，是因为在跟我们交流之后，觉得我们团队非常踏实，没那么多表面的东西。虽然现阶段我们在数据上可能暂时落后别人，但是我们做事的态度严谨务实，

而且比较善于动脑,投资人认为我们之后有弯道超车的机会。我们其实也在反思自己这种工作思维方式到底合不合适,典型的华科思维——严谨和务实。作为创业者,要基本具备善于动脑、灵活、抗压等特性,同时,要保持对某些事情的认同和坚守,务实和执着的品质我觉得很重要,很多其他的事情都是基于这几点延伸而来的。很多事情做起来都很简单,但只有少部分人能够认同且坚持去完成。

卷皮网发展到现在算是阶段性成功,我们现在的估值是几十亿元,公司规模近千人。2014 年年底的时候开始在深圳设点,后来 2017 年年底我们还发展了"会过"社交电商这条战线。

创业动机

我觉得创业动机可以从两方面来讲:一方面是诱导因素,另一方面是主观影响。我当时创业是经济独立的内因驱动。我在读大学的时候,家里人管得比较严,生活费比较低,所以当时就尝试做过很多事情。例如,大三上学期我尝试经营过打印店。当时在东校区,打印店挺红火的,打印店的老板骑个摩托车风风火火,我就想试一下自己能否运转这个。经过一个学期的实验,效果还不错,但是后来我觉得打印店技术含量不高,经济规模有限,就没继续了。

在我大学毕业时,PPTV 创始人姚欣他们已经把公司搬到上海,但我没有跟着他们去继续做,我想去大企业学习和挑战,而且进大企业前,也并没有计划想从大企业出来再创业。

加入创新团队

当时在校内论坛白云黄鹤 BBS 的 Time Job 版块上面看到姚欣师兄发的帖子招募人员,我就去姚欣的宿舍找他聊,大概聊了一个冬天,觉得他的想法很有意思。他当时说想创业,想做 P2P 的视频,那时候已经有 P2P 的下载应用了,但是没有 P2P 的视频,我觉得这确实是个创新,就决定加入这个团队。我记得姚欣当时说以后要设立公司,我刚开始觉得有点遥远,什么都没有就想着开公司,后来深入了解后,觉得挺有意思和发展空间,于是大四就加入了他们团队,相当于做了个兼职。现在大学生做兼职一点都不稀奇,但是在那个时候,大学生兼职基本都是做家教,不像现在这样丰富多彩,突然出现一个做视频软件创业的项目。当时团队只有几个人,我们首先计划完成几件事:服务器运维、产品设计、内容运营、商务合作等。

创业的原因与经济动力这一内在驱动有关,当然这也是我创业的初衷。

我觉得如果当时没参与姚欣 PPLive 的项目，而是去大公司工作或做公务员，不排除我就放弃创业了，可以说参加 PPLive 的初创，点燃了我创业的火种。

我觉得创业的原因还跟自己的性格有关，但是像我这种适应性比较强、比较有韧性的人，在选择创业的关口时，引导和合适的时机将会决定后续的发展方向，这些环境因素会起到很大的作用。性格因素对有的人来说是决定性因素，但是对有的人而言只是辅助因素。对于我而言，创业的动机，客观来讲就是经济独立的需求以及在合适的时间遇到了合适的团队。

在华为的三年

2006 年我应聘华为成功，在华为工作了三年，主要负责的是海外市场。简单来说，当时华为海外分几条业务线，有纯技术服务线，就是帮别人完成工程项目；有纯客户线，就是只负责客户关系和销售；还有中间线，就是既要对客户负责又要对方案负责。我就属于中间线，称之为产品经理，定位就相当于夹在客户和交付工程中间的位置。

在中国，华为算是真正具有技术含量且在纯市场竞争环境下创造巨额外汇的民营企业。在这样的公司工作三年我觉得经历很好，这三年非常快速地扩展了我个人的视野和思维。在华为的三年，对我来说意味着一系列的收获，比如一个庞大的组织架构是如何运转的；有多少人是真心实意在干活，多少人是冗余的；为什么冗余，这些冗余对公司有没有什么意义；中国的公司如何做到在海外跟别人争夺市场、夺取订单，等等。当然我也有幸见到了华为公司的管理层，如任正非，感受到了他的人格魅力和强大气场。

当时从华为辞职回来没有想找朝九晚六的工作，一心想自己做点事情。然后就开始跟 PPTV 的 CTO 王闻宇等这些老伙伴们联系，还与光谷 DEMO 创业咖啡厅的一帮人一起分享创业机会，了解到黄承松创业刚刚开始。黄承松是 2007—2011 年在华科就读，我俩是经人介绍认识的。

当时黄承松是在校大学生，性格内向。见面后，我们发现彼此比较聊得来，慢慢地就互相认可了对方。之后，跟黄承松大概磨合了半年时间，最后我们决定一起做点创业的事。在那半年的时间里，我觉得人的思维输出都是输入信息带来的，当你没有足够的信息输入的时候，不可能去畅想未来。没有足够的土壤，你怎么去考虑创业的事。黄承松当时还在学校，没有走出固有思维模式，合作以后，才慢慢地发生改变。

我和他的性格其实差别挺大的，但是在某些事情上的观念高度一致，即便开会时他不讲话，只有我讲话，那也是可以的。我们在营销、电商、流量等方面的看法都很契合。我觉得两个人的合作有两种状态,第一种是只有我一个人画蓝图,他不了解,这是一种合作状态;另一种是我在画蓝图,他心里也有一张蓝图,二者契合,这是一种更合适的合作状态。我们属于后者,并非我单向地描绘蓝图,他内心也很认可。

快速试错

创始人决策与快速试错

我觉得公司真正做决策一定是创始人把这个业务模式或者方向深入讨论、论证清楚之后做决定,而不是求神拜佛、抛硬币之类的。其实,很多人在关键时刻真的不知道哪条路正确,但回头肯定会说我当时做决策是多么英明。在做决策的时候,他会去思考,在现有的情况下两个方向究竟哪个更有可能是正确的。换句话说,正确的可能不知道,但是哪个方向风险更小是可以分析出来的。

互联网有一个比较好的地方是可以快速试错,比如我们面临两到三个选择,综合觉得这个选择风险最大但是最容易出成绩。互联网行业的事情很多都可以短期试错,可能上线一周就会出成果,不到一个月我就知道它是否正确。上线之后每天都可以观察数据,很快就能验证这个方向是否正确,如果不对就马上调整,这就是互联网创业的一个特点。传统企业可能需要置办很多设备之类的,一旦出错可能已经不能回头了。互联网创业一般是有新业务了,就快速组一个小团队上线试错,调整方向,然后再大量推广,整个过程其实算是一个试验。

从 2011 年至今,公司基本上每年都有大的业务方向调整,到 2018 年调整了五六次。我觉得我们是在不断快速试错、快速调整,但实际上我们的主要业务已经开展得比较好了,有一定的根基在,可以保证主要业务的产出,其他快速试错的项目不会造成太大影响。比如在股市上投资有个三三法则,三分之一的钱拿去存在银行,三分之一的钱拿去自己使用,三分之一的钱投到股市上,这样的话就有一个投资组合。前期的试错成本相对较低,等到试成功之后再大量推出是不会造成太大影响的。

我觉得阶段性的心态是不同的。当对新项目把握不大的时候,应该小范围尝试，但对新项目非常有把握的时候，可以激进一些。通俗点讲就是，我们做的高科技行业的创新创业其实是风险很大的，因为它变化太快了，一两年时间里可能全部都颠覆了，整个生态链都没了。但恰恰在这个行业里创业的时候应该采取小风险的模式，首先保证我能够活下来，然后再谨慎地快速试错，一旦发现方向是对的，就可以大胆投入。这种投入在某种程度上来说，其实风险是很小的，因为已经短期验证过了。但是在外人看来，会觉得高科技行业确实是高风险的，一下子业务变化这么大，而且投入这么多资金。这种片面的外部观察带来的结果就是很多年轻的创业者觉得应该把钱全砸进去，他只看到别人两个连续动作中的一个，所以就把自己给耽误了。

很多人成功之后都会说当年决策时多么英明，其实当年决策时并没有多么英明，只是恰巧小范围试错刚好试成了，才大规模推广。但其实试错过程中停掉的更多，可能试了四条线，只有一条成了，这一条就成了故事。

我认为在任何时候，即使企业发展到现在，我依然认为活下来是首位的。这实际上才是创新创业的商业本质，脱离这个本质，早期的很多噱头后来一个个都倒下去了。有这样一环套一环的创业团队，他们的目的不是把企业长久做下去，而是在这个过程中通过资本运作得到一些资金，后边谁接盘是不管的。我没有在传统企业待过，但是我接触过一些传统企业的高管，跟他们交流的过程中，他们跟我聊的更多的是在传统企业里走互联网路线走不动，因为有很多条条框框限制，而且老一辈的高管不太愿意接受新的思想、新的事物，在互联网行业看来很正常的事在传统企业不太容易推行。从他们描述的过程中，我可以感受到他们切实地知道该如何去变革，但是很难推动。在武汉，大家都在讲互联网企业，但像卷皮网这样的纯互联网企业其实很少，更多的是在传统企业的基础上附上一些互联网的东西，但你接触之后会发现它的大部分还属于传统企业。

公司决策

公司的决策理论上分三个层次，第一个层次是股东会，第二个层次是经营性的董事会，第三个层次是经营团队。经营团队按照职能分为人事、财务、运营、技术。

我们对高管的选择主要取决于两个方面的判断。首先，取决于我们对这个人本质的认知是不是足够清楚；其次，取决于这个人进入公司之后，跟大家的互动和磨合是正循环还是负循环。当然也有一种说法，人都是善良的，如果出问题，要么是环境造就，要么是个人的想法、性格偏激导致的，这两种情况都可以讲得通。招聘的人才进来之后,肯定会发现他们在自己的领域都很擅长,会议上轮流发言,最后形成统一意见的时候也是比较民主的。我们在决策的时候会听其他高管的意见,虽然是我和黄承松拍板,但我们对他们的意见会深思熟虑的,比较尊重他们的建议。回过头来看,中层干部在公司是中流砥柱,实际落地的工作和业务都是他们推进完成的,他们才是最重要、最基础的作战单元,更加有价值。

业务、融资与管理

业务

2017 年年底公司增加了"会过"这个新业务。当时这个创意是基于前端用户流量获取成本上升,为了抵抗这个上升而想的路径。原有的路不好走的时候,就会去考虑破招的办法。推出新业务是因为互联网一定是永远在变化的。卷皮网是一个中心化的,类似 B2C 的电商。在 2017 年的时候,流量获取成本上升,需要有方法抵抗这种局面,"会过"采取去中心化获客的方式达到这样的目的,同时在商品价格方面也做了优化。所以说,这是根据竞争格局演变出来的产品,也是刚刚提到的历次变化中的一次,有它的背景。互联网公司必须与时俱进,而且是在比较稳妥的时候进行,稳妥的时候如果不谋变,当环境变化到来的时候你就搞不定了,会受到影响,所以我们后来又做了"会过"的社交分销业务。原来的 B2C 就是买流量、空间、运转,再出现交易,"会过"则是通过用户推广到用户这种裂变的方式获取用户,再产生交易,类似"拼多多",就是在中早期通过不断地拼团,完成用户积累。

现在就是观察哪条路的市场苗头更好,就准备把资源往那边倾斜。此前也做过很多这种选择,一个上一个下,回过头来看肯定觉得之前选的是对的,但不可能说下次一定会对,会有很大的压力。

融资

我们公司 2017 年的人员规模为 700 余人。我们这种人员规模的企业,不可能有很多资源分到几条战线,跟赌博一样,胜出来一条就可以,这样风险可能很大。有资源的公司,押宝押对了,可以继续往下走,押错了可能要伤元气,需要很长一段时间恢复。但没资源的公司，押错了就没了。对于我们而言，用户、资金，以及对行业的研究和理解，都是我们的资源。

导购模式是我们做网站的内容，内容会跳转到淘宝，成交的话就会分得一笔佣金。看的人越多，效果越好；成交的额度越大，佣金就越多。这时候我们公司自身已经具备盈利能力了。在武汉，互联网公司融资的风气还不流行。当时找投资，主要考虑到两个因素：一个是我早期经历过 PPTV 的发展过程，PPTV 后来拿了不少投资，我就觉得这条路不错；另一个是当时虽然武汉没有创业的氛围和局面，但是在北上广深（北京、上海、广州、深圳）已经有很多创业公司通过这样的路径发展，所以我跟黄承松商量之后就决定去找投资人了。当时我们的分工是我偏向对外商务，黄承松偏向对内技术。

第一个投资人其实和 PPTV 有点关系，是曾经服务过 PPTV 的一个金融服务方推荐给我们的，经过严格的审查之后投了我们。我觉得打动他的原因可能是团队估值比较便宜，当时北上广深的团队估值是比较贵的，在武汉这边的用户情况、商业情况会更便宜。跟房价类似，同样的房子你这边房价 8000 元，别人那边 50000 元，那我肯定买你的了。主要因素就是这两点：业务优秀，估值不高。我们拿着这些投资正常运转公司并进行了一些业务拓展。公司注册的时候是在母校的华工孵化器，后来搬到创业街，再到软件园。

到 B 轮融资的时候，我们的经营状况和盈利模式都比较好，现金也比较充裕。其实 B 轮融资的那个投资人一直盯着导购、引流这个领域，他认可这个赛道，就看谁的数据先跑出来且跑得快。当投资人定向的时候，排名靠前的人肯定都会去联系的。当时市面上还有其他对手，那跟他们比我们可能没有明显优势，可能别人的数据比我们的更好。投资人愿意投给我们应该是跟我们交流之后，觉得我们团队更踏实，没有花里胡哨的东西。其实现在回过头看，那时做的商业计划书只能叫作计划，谈不上战略。当时的团队规模大概 100 人，收入几千万元。所以，B 轮投资人给了数千万美元。在那之后公司业务进行调整，主要是从 PC 端转移到移动端，从 2014 年到 2015 年，一直都在做这个事，当时已经发现了移动端蓬勃发展的趋势。

大概是 2016 年的时候，做了 C 轮融资。业务方面的话，完成移动化之后，主要是从淘宝导购转向交易平台。当时公司的交易额达到几十亿元，C 轮融资约 6 亿元。那时候还没考虑上市，上市这个事，不管是在哪里，政策调整特别快，往好了说和往坏了说都没有准信，所以就没有深入考虑。就当时的公司状况讨论之后，给投资人承诺的目标依然是围绕业务增长。

人力资源管理

市场推广的人一直比较少,因为确实不需要这么多人。公司搬到光谷软件园之后,大概一年花费六七千万元,市场推广部门也就三四名员工。武汉有些线路公交车上的卷皮网广告也是我们公司投放的,共计四五十辆公交车。那些广告基本都是打包卖的,按月来计算,比如某条线上多少辆车可以投广告等。

2018 年光谷软件园这边的公司有五六百人了,深圳公司这边以“会过”事业部为主,武汉公司以“卷皮”事业部为主。卷皮事业部包括产品、运营、商务、研发,除此之外还有一个客服中心,承接“卷皮”和“会过”两块业务,大概 200 名员工。

2014 年年底,公司在深圳设点,主要是基于业务发展的需要,其原因可以细化为两点:第一点是武汉的市场资源比较少,虽然在武汉也有 360 推广、百度推广等,但其实都只是代理商,他们都是转手的资源,真正的资源还是在北京、深圳,因此在武汉的话会受到限制,深圳的公关媒体这块资源更优质;第二点就是人才,在 2014 年的时候,武汉的高端人才市场相对来说比较薄弱,那时候公司已出现人才局限,急切需要高端人才去推动公司业务发展。另外,当时还是 PC 转移动互联网的时机。所以回过头看当时决定到深圳发展还是正确的。

刚到深圳,我印象里有几位员工是从武汉公司过来的,他们是市场部的。我带了三位市场部员工,一位行政部员工,之后研发、产品、商务部也陆续过来了一部分人,彼时,深圳共有 200 多人。这 200 多人里只有 10 多个人是老班底,是从武汉公司过来的。过来之后招新,老班底带新,一起开展深圳公司的业务。

武汉的团队文化跟深圳的是有差异的,深圳这边的团队更自由些。因为深圳是个机遇很多的城市,大家比较愿意拥抱变化,习惯了快节奏的生活,武汉的生活节奏相对会慢点。深圳这边的团队想法会更多,更有创意,同时武汉那边的团队更容易管理,大家不会有特别多的声音,深圳的同事可能偏向于追求个性、自由,我想是深圳城市氛围如此,各有千秋。公司部门负责人相比,武汉更多的是跟公司一起成长起来的员工,他对公司历史是很了解的,在很多事情的决定上会不自觉地被历史因素影响,责任感更强烈。武汉的负责人会比深圳这边的考虑得更全面,因为他了解企业的历史,了解企业的基因。深圳的负责人在这方面会考虑得少一些,因为之前受其他公司文化或者风格的影响,会更特立独行。两地团队其实都是好的，风格不同是一种碰撞，武汉团队太了解历史可能会更保守，深圳团队虽然有些冒进，但有创意，各有利弊。在中层团队应变能力方面，深圳团队更好一些；在执行力方面两边都不错。

我们会阶段性地组织深圳和武汉的管理层一起开会。去年基本上是每个季度开一次碰头会，讨论的问题主要围绕回顾阶段性业务和安排下季度工作，讨论中势必有团队间的协作问题，大家会针对业务去讨论哪些地方做得好，哪些地方做得不好，就事论事的话当然也会伴随一些争论。

今年年初有两位高管离开公司，其中一位有自己的想法，可能想去创业或者做其他的事。另一位是中途进公司的，是一位职业经理人，职业经理人的流动性是比较大的。职业经理人有自己的职业生涯规划，不会永远服务一个企业。职业经理人在他们自己的领域或许是专业的，企业招他进来的原因也是他们可以给下面的中层管理带来很多可以学习的东西，这是值得认可的。但是职业经理人是非常职业化的，下班之后可以做朋友，但是上班的时候就只谈公事。我觉得一个企业到一定规模之后还是需要这些职业化的元素加入进来的。另外，职业经理人对公司的历史可能不太了解，有些决策提出来会跟创始人之间有一个碰撞，但是我觉得这并不是一个坏事。有些想法提出来之后，可以让创始人意识到之前固有的想法不一定正确。其实他们的一些新声音，老员工都应该听一听，无论是基层还是中高层，很多东西听到之后还是值得深入思考的，我们不能故步自封。

对于现在的创业战场，我们已经不再是最年轻的了，但是我们成长的经验更丰富了，思维格局更高了。我们对未来的规划还是坚持对用户的服务，对用户价值的提炼，并在合适的机会窗口做合适的事情。

房多多李建成：洞察商机赋能房地产经纪人

【企业概况】

深圳市房多多网络科技有限公司(房多多)成立于2011年，是一个以房地产经纪人为中心的、独立开放的、数据驱动型的房地产交易平台，通过提供丰富的真实房源，真实意向的买家、卖家、房东和租房者，交易促成服务以及数据分析产品来帮助房地产经纪人完成交易。房多多不仅向房地产经纪人提供一站式服务，而且充当经纪人与其他房地产专业人士、购房者、卖房者及交易相关服务提供商连接的桥梁，从而建立起充满活力的生态系统。2018年3月，房多多入选科技部中国164家独角兽企业名单。2018年7月，入选工信部“2018年中国互联网企业100强”榜单。2019年11月，该公司在美国纳斯达克证券交易所正式挂牌上市，股票代码为DUO。

【口述人简介】

李建成，1996年本科毕业于华中理工大学电信专业，随后攻读本校硕士。2011年毕业于中欧国际工商学院EMBA。曾任腾讯深圳研发中心总经理，UT斯达康深圳研发中心高级研发经理；现为房多多联合创始人兼CTO，主要负责房多多底层技术架构及研发管理业务。

【创业心路】

走上创业之路

工作经历

在刚刚毕业的时候,我没有什么明确的职业规划。作为电信系学生,我们毕业之后基本都是从事电信方面的工作,一般都是进华为、中兴这样的企业,比如现在这些企业的很多高管都是我们那个时候的同学。我在1996年本科毕业,随后考上研究生继续深造。那个时候正值祖国经济发展最迅速的时候,所谓的高科技刚刚开始起来,电信行业有华为、中兴等“5朵金花”,分别受国家航空航天工业部、电子部以及邮电部等主要部门支持。因此,我刚开始响应国家和学校号召没去上学,保留了学籍,然后工作了两年,参加了学校的一个攻关项目,叫作金鹏EIM-601程控交换机。这个项目当时是电子部最重要,也是我们学校最重要的大型项目之一。1998年我回学校上了一年的课,并在1999年离开学校正式参加工作。

1999年,我进入UTStarcom(UT斯达康)工作,UTStarcom当时是留学生报效祖国创业和高科技创业的旗帜。公司由20世纪80年代留学美国的中国留学生创办,发源于美国硅谷。在深圳工作了几年,我曾先后负责UT软交换的软件开发和团队管理。2000年UT上市,并在2005年实现年收入约70亿元,行业里仅排在华为、中兴之后,达到这个企业最巅峰的时刻。但是就在这个最风光的时候,我选择了离开UT加盟腾讯。

我离开UT的原因是自己看到了一个趋势,我认为任何一个行业的兴衰,特别是在中国的环境下,周期大概就是10年。例如通信行业,1992年像华为这样的巨头开始进入大众视野,1995年通信行业就万众瞩目了,整个深圳的高科技公司,都在华为每年涨1000块钱工资的带动下,给软件工程师的薪酬快速上涨;但是在2004年、2005年的时候,通信行业行情一年好一年差,有点类似我们现在的房地产行业。

我认为通信行业衰退是必然的,主要原因可能有两点:第一点,它已经过了国家大力投资的阶段，尤其是在2005年全国电话普及率就已经非常高了；第二点是我个人工作期间的感悟，通信行业具有标准化的要求，所以不管是无线还是有线连接，都要遵循ITU-T接口标准。接口标准一规定之后就各家自己去生产，那这个东西也是不会有差异的，也不会有创造创新，那这个时候比的就是谁在单位时间内投入强度足够大、效率足够高。那我觉得全球只有华为，华为研发效率非常高，拥有几万个开发工程师。我当时就认为，如果还要做通信，就要尽可能早地去华为，其他家我认为都是很难有大发展的。当然中兴在这个行业也可以生存，因为行业永远都不容许一家独大，每次集中采购的时候都需要培养一个竞争对手。除此之外，我觉得其他企业很难有好的前途。综合考虑下，我就离开了UT，寻找职业发展的下一个机会窗口。

离开UT后我加盟了腾讯。虽然那个时候腾讯已经上市，但其实是一家市值只有约8亿美元的小公司，而和我刚刚“分手”的UT高峰时的市值近百亿美元。当然现在腾讯的市值已有5000亿美元，相当于涨了几百倍。现在回想起来，自己这一次跳槽也算是阴差阳错。历史的机遇其实有蛮多的，只不过不一定抓得住。比如我自己，在互联网刚刚兴起的时候，大约是1995年，我还没有本科毕业，我们华工计算机系的网络也是刚刚建成。事实上那个时候已经有很多人开始关注互联网，而我们没那么敏感，哪怕自己在1998年花了几千块钱拉了网线，也仅仅是在校内BBS上面讨论一些技术问题而已。

组建团队

2010年，我离开腾讯。现在回想起来，创立房多多对我来说既是必然，也是偶然。一方面，必然是因为我一直认为行业发展是有生命周期的，互联网行业一定需要有新的突破口。就拿互联网行业的BAT来说，2000年泡沫破灭之后经过了大约10年的恢复期，随着移动互联网的兴起又踏上了快车道。强大如腾讯，要是万一没有了微信，也是有可能错失移动互联网浪潮的。我认为，做互联网行业不能故步自封，要怀着忧患意识不断发展，与传统行业某一个具体的应用场景相结合会有比较大的发展空间。另一方面，偶然是因为我们创业团队成立的过程也算是机缘巧合。

我任腾讯公司深圳研发公司总经理的时候，公司COO曾李青去上了一个EMBA[①]课程，回来后一直给我们分享：“这个东西太好了，比大学讲的东西好多了，讲商业竞争，小伙子们都应该去上啊。”受此宣导，我也参加了中欧商学

---

① EMBA：Executive Master of Business Administration，意为高层管理人员工商管理硕士。

院的EMBA课程学习。在上学的过程中,我代表中欧商学院参加了120 km的戈壁挑战赛,遇见了我现在的合伙人段毅。当时我们在一个团队,在整个徒步活动过程中不断合作、磨合,最终中欧第一次在这个比赛获得冠军。那个时候,段毅已经是一位很成功的企业家了,他和曾熙当时在售楼处为新房项目做现场销售服务,在长三角的苏州、无锡等地,这家公司已经经营得非常成功了。

房多多三位创始人合影

现在回想起来,戈壁挑战赛塑造了我们企业低调务实的文化基因。在戈壁跑120 km是一件非常辛苦的事情,对人的意志是个很大的磨炼,因此愿意参加这项活动的人都具有相似的特质与性格。而我们的合伙人团队中大部分高管都参加过这项活动,也是因为这项活动而结缘,相互吸引,曾熙以及后来加入的肖莉等都是如此。直到现在,戈壁挑战赛给了我们公司一种深深的文化烙印——追求平等、热爱运动、坚持不懈。例如我们公司高管现在都没有自己的办公室,空间都是用来做健身房的。同时,我们这一帮人认定了某一个方向就会坚持做下去。只不过我们每天都在迭代,都在更新。这些企业文化和精神,很大程度上来源于戈壁挑战这项比赛,源于我们对理想、行动、坚持的高度认同。

明确方向

在跟段毅相识之后我们经常讨论,商量着一起做些事情。当时我是做互联网行业的,段毅和曾熙是做房地产行业的,所以我们三个人组合在一起向互联网房地产进军。一方面段毅和曾熙两位是行业内非常优秀的年轻人,善于思考，能成长，对房地产行业有很深的了解；另一方面，我们愿意创新，愿意折腾，愿意想办法，这也就是我们团队和其他团队最大的不一样的地方。

进军互联网房地产主要出于两个方面的考虑。从互联网的角度来说，正如我刚才提到的那样，需要与传统行业某个具体的应用场景相结合；从房地产角度出发，也存在通过互联网思维转型升级的机遇。具体来讲，房地产行业的特点就是水比较深，交易周期特别长，准入门槛非常高。房地产行业还有一个比较大的特色，就是在过去几十年中国整体经济发展的红利带动下，房地产挣钱相对来说比较容易，这就是为什么富豪榜上有很多都是做房地产的。但从另一个角度来讲，高投资收益率阻碍了这个行业的创新。因为只要拥有足够的资本，进入了这个行业，就可以获得丰厚的收益，可能都不需要努力和创新。这样的行业特点是我们进入的潜在优势，那就是原有的行业的人不怎么努力，而且外面聪明的人也进不来。像雷军这种优秀人才，他肯定也看到房地产是个特别的行业机会。不管是中国人还是外国人，这辈子大部分的钱都花在了房子上面。所以从流通的商品市值角度来说，这个行业要比互联网行业大很多。

我们的想法能够实现也有很大的运气成分。2009 年我们团队初步思考讨论，2010 年进行了一年的筹备，2011 年公司正式成立。这些时间节点如果说早一年，那么互联网创新需求没有那么大，国家房地产政策调控的力度也没有那么大，我们很有可能就“挂”了；如果晚一年，我们就会像之后很多抄袭我们的产品团队一样，也没有足够的时间积累核心竞争力和研发产品。所以运气，特别是时间点，也是创业能否成功很重要的一个因素。

启动资金

在融资方面，我们公司还算比较顺利。因为我自己是腾讯出身，所以在 2012 年我们的商业模式确定了之后，我们就拿到了腾讯联合创始人 COO 曾李青的天使投资，后续的几轮融资也比较顺利。当然最后资本市场对团队的认可还是因为这个团队做的事情到了一个阶段，不是简单因为人的关系。随后三年时间我们完成了三轮融资，2015 年的融资估值已经达到 15 亿美元。

我们能够得到资本的认可主要有两方面的原因。一方面，互联网房地产行业这个赛道足够宽，我们在这里的时间足够长；另一方面，我们高管团队是行业里面非常优秀的，不管是我们的出身，还是后面的实践结果都证明我们做得还是不错的。2016 年我们还被列入了红鲱鱼 100 强榜单，这对我们也是一个很大的鼓励，因为腾讯、阿里巴巴、Facebook、谷歌等目前具有影响力的互联网公司,都曾经位列这个榜单。此外还有一点,我们的经营现金流还有现金储备都是比较健康的。我非常感谢创业道路上帮助过我们的人。不管是华工的校友,还是中欧的校友,对我们的帮助和支持都特别大,幸运的是我们还比较顺利,规模也不错。

踏上征程

2008 年,中国房地产行业进入了调控期,不再像过去十几年一样只是一味地箭头向上发展,而是存在高峰低谷的波动,这给了我们一些创新的机会和动力。2011 年我们公司成立,但一开始我们也不知道做啥,就是想把互联网和房地产结合,开头大概半年到一年时间,我们几十个人的团队就在一间民房办公。到 2012 年的春节过完,我们才找到一个业务模式。

2013 年,我们在融资后开始全国布局。比较幸运的是,因为我们在深圳,具有充足的人才资源和完善的基础设施保障,所以在布局时就把握了向移动互联网转型的契机。移动互联网和 PC 互联网最大的不同在于 PC 互联网更偏向于娱乐和资讯,而只有移动互联网可以真正无缝地把互联网和原有的产业链打通结合到一起,真正做到人和业务流合一。我们也是全行业最早一批贯彻移动互联网思路的企业之一。到目前为止,我们在全国覆盖了 60 多个城市,其中有 19 个城市是我们自己的团队在经营,其余的城市我们是以品牌授权的形式来合作的,我们做的事情主要是打造一个服务于房地产经纪人的交易平台。

传统行业+互联网

平台业务

房多多是一个移动互联网赋能平台,主要服务对象是国内的房地产开发商、房地产经纪人等。在美国,房地产经纪人就像是医生、律师这样的职业,凭着自己的能力和智慧赚钱,社会地位还是比较高的。举个简单的例子,在美国如果是肚子比较胖的人,一般都是蓝领或者是社会地位比较低的;我们去美国调研的时候发现,美国房地产经纪人的身材保持得很好,可以反映出他们在社会上处于一个比较高的位置。但在国内,传统的中介特别是二手房中介给大家的印象是社会地位不高、综合素质不强，大家最讨厌的就是接到他们的“骚扰”电话。另外，房地产行业的不断发展也会倒逼经纪人群体从业素质的提高。因为房子越来越贵，服务品质肯定也要相应提高。因此，房多多的目标就是为房地产经纪人提供一些新的武器和新的思路，让大家挣钱挣得更多、更高效、更有尊严。

房多多赋能途径主要有四个。第一是品牌，一方面房多多平台可以给经纪人做信用背书，另一方面我们也给他做认证，他在我们平台上的活跃度和服务后的信用评价情况等都可以展示出来，帮助他获得客户的认可和信任，这一点是非常有价值的。第二是业务，在房多多平台有各式各样的业务，包括新房、二手房、租房和金融等，丰富的业务在移动互联网的帮助下可以极大限度地扩展房地产经纪人的作业半径，实现业务能力的提升。第三是效率，我们可以通过移动互联网的工具，帮助房地产经纪人提高效率。第四是培训，我们会开展经纪人素质能力培训，因为经纪人的能力提升之后，他的交易效率必然会上去，服务满意度也必然会上去。我们现在要做的事情就是赋能高素质的房地产服务者，这也是我们对这个行业的贡献和价值。

言而总之，我们做的整个事情，就是围绕房地产，连接买房的人、卖房的人及赋能他们的服务者，然后实现全局效率和体验的提升。我认为，房地产行业势必会不断壮大，我们的产品在未来会影响几十万到几百万的经纪商户，让他们通过移动互联网做好服务和转化，这对行业或者整个社会来说都是非常有价值的。

周边业务

租房服务是我们一个新的业务板块。2017 年，政府开始大力提倡租房客，从政策方面加速了我们租房服务的扩展。这一点，我认为是非常符合中国国情以及商业逻辑的。在房多多看来，经纪人最大的价值就是连接了房源和客源，他知道是谁要出租或者谁想租房。因为所有的人要租房的话，他都会直接到中介门店里去找。房多多通过移动互联网平台收集了各类房源信息，并将租房业务机会提供给了经纪人，这样极大程度地促进了租房服务的深度与广度。除此之外，我们在智能家居、上门服务等方面都有投入。所以我们目前做的整个产品，涉及房产的交易平台、租房平台、线上线下的经营培训体系、智能家居上门服务等。

颇具深度和广度的业务为房多多带来了又一大优势——数据，我认为这一点也是我们和其他互联网团队不太一样的地方。刚才说到，中国人一辈子的财富主要都在房子上面,所以关于房子的所有数据,其实在我们平台上是不断积累的。例如新房交易、二手房交易、装修、买卖记录等,这些数据具有巨大的挖掘价值。我认为,近几年买房的人可以算是中国最有购买力的一群人。为什么这么说呢?我们可以这样分析一下:过去一年中国卖出去的房子在1500万套到1600万套之间;考虑到家庭购房,按两口之家来算,消费者数量大概就乘个2,那就是3000多万人;再算上今年打算买房但却没有买上房子的情况,消费者的数量可能又要乘个2。在我看来,其实中国最有钱的就是过去几年买了房子,以及正在买房子的这一拨人。因此,他们的行为轨迹、看房轨迹的数据,以及后面增值服务过程中的数据,都蕴含着巨大的商业价值。因此,在过去的几年里,研发一直是我们非常重视的一个环节,占了我们很大一部分投入。

核心竞争力

回顾我们整个团队的发展历程,我认为房多多在行业里的核心竞争力主要有三个方面,分别是团队、认知以及管理。

首先,团队是创业公司发展的基石。我认为,优秀的团队是房多多能走到今天的重要保障。我们的团队是做产品技术出身的,所以我们不管是成立之初还是发展过程中从未停止过对产品和技术的投入。我们的同事、互联网技术团队骨干也基本上都是来自于BAT的。对比的话,传统的房地产行业或者房地产服务相关行业的人,其实他挣钱是相对比较容易的,所以他犯不着干这种所谓的做产品、做技术的事情。从近几年来看,2017年是房地产行业快速下滑的一个阶段,其实我们的商业模式也没那么复杂,我们从2012年开始验证,2013年、2014年开始全国布局和兴起。其实每个城市都有很多房多多的跟进者和抄袭者,但是经过2017年这个冬天,基本上都消失了,甚至大的玩家,如爱屋吉屋、平安好房也消失或者转型了。但是,在2017年、2018年,房多多都是盈利的,而且我们大部分城市的经营业绩都是快速上升的。在我看来,快速上升的原因很简单,就是我们的团队执行力非常强,能够挨过行业的冬天。我一直认为,我们是一个有全国操盘能力的团队,全国几十个城市的总经理和他们带领的团队是非常优秀的。在创业过程中,如果只有互联网这条腿,没有线下的执行能力,单一条腿是不可能落地的。

其次,我们团队对行业有着更深入的理解。房地产行业水太深,或者说环境太复杂,不是说一个人简单地在边上看了一年两年,或者是刚刚创业,就能对这个行业有很深的理解。在这一方面,因为段毅和曾熙等高管在房地产行业做了很多年，对行业非常了解，知道这个行业的本质，所以我们做了很多行业内创新，重新设定了一些规则。我觉得这些都是只有房地产行业的人才可以完成的。同时，随着不断的发展，我们也吸引了很多行业专家，如前万科合伙人肖莉，前中原高管路莹，她们都是这个行业的前辈，加入我们，都是因为相信我们而且认同我们对行业的理解。

就行业认知这个维度，行业内也有企业在做不同的探索。比如部分企业最早从房地产门户媒体开始切入，在房多多兴起之后他们也开始向我们学习，希望走进交易服务这个领域。当时也有投资者投了几十亿元，但是由于他们仓促转型而对行业认知能力没有那么强，所以他们把钱烧完了也没有做出能接受市场考验的业绩，于是他们又回到原来走媒体门户的模式。另外，还有些不一样的就是类似链家这样的友商，他们都是从传统的线下门店做起，所以他们整个公司的基因、经营管理逻辑和竞争力必然是以线下门店为主，这和我们的平台模式是不一样的。我们和链家这类公司的主要区别在于链家主要走强管控路线，自己招募经纪人来做交易，而我们是以平台为基础，形成了一个围绕经纪人、为经纪人服务和赋能的一个交易服务平台。

最后一点，我们公司内部经营管理的效率较高。房多多发展至今，让我们比较自信或者骄傲的一点就是不管是现金流方面，还是现金储备、利润等方面，都在我们的掌控中。因此，我们公司安全系数很高，发展很稳健，比大部分独角兽公司都要强。这些优势很大程度上来源于我们内部管理的集体决策。现在创业团队的结构是一种互补的组合，主要是性格方面的互补，每个人的思考模式有显著的不一样。我们三个的处事风格不一样，但是也有共同点，那就是比较能吃苦、有团队精神。我们三人有分工也有合作，如果高层会议在一个问题上争执不下，那谁最后来拍板，就互相说服讨论。对下面的团队，我们也是确定一个方向后大家再一起执行的管理模式。

创业感悟

回想自己创业几年的经历，最大的体会就是创业应该脚踏实地，抬头看路。

首先，年轻人应该踏踏实实地先工作一段时间，除非你有确定性的资源和想法，否则就不要轻易创业，尤其是在年轻的时候更应该观察、思考、积累。就我个人而言,原先也在UT、腾讯工作,积累了一定的经验,现在回想起来很有感触。一个职位真正体现个人价值需要两三年的时间,只有经过五到七年才能真正做成一件事情或者发展到所谓的瓶颈。如果你因为想找新机会而频繁跳槽,那都是没有任何价值积累的折腾。虽然前几年每年跳一次槽会使工资提升得比较快,但是等你跳到第五次、第六次的时候就只能在非常低的一个水平上提高了,这个经济回报放到二三十年的职业生涯中肯定是没那么划算的。我认为人这一辈子贡献的机会其实也就五到七次,前三个五到七年都是浑浑噩噩的,比如说大家毕业的前几年等。在这些时间里是不容易对人生有充分的思考和对行业有深刻认知和洞见的。人没有那么聪明,否则世界就不是现在这样了。一辈子只有几次做事情的机会,你第一次是抓不住的,大部分企业家真正有机会创业都到三十五岁以上了。这也就是为什么美国企业家通常都是四十多岁的,像我们这样的"老同志",包括我们能一直存活下来也有很大的运气成分,哪怕直接从腾讯离职出来创业的团队,存活下来的其实也比较少。

除了脚踏实地,还要抬头看路,时代的趋势可能比个人的努力更为重要。比如说互联网和电信行业的兴起是在1992年、1993年,我自己是1996年毕业的,运气已经非常好了,如果我再晚两年毕业,那就没有什么机会了。再看互联网行业,机会窗口大约是2000年,你看BAT是1998年开始崛起的。到后面有没有机会呢?有,是小一点的机会,像爱奇艺、新浪微博。移动互联网也是一样的运气好,早两年"死翘"了,晚两年也没了。如果说美团比房多多早两年出现,那我们今天再去做移动互联网就很难了。我想说,人生本来有更多机会可以让我们看得更远,但是我们可能抓不住。所以,我们一定要多观察、多思考,提前做好准备。

粉丝网刘超：解构需求打造粉丝新体验

【企业概况】

粉丝网成立于2005年，是中国最专业的粉丝运营与服务平台之一。2014年粉丝时代收购粉丝网，重新布局移动端，推出粉丝网App。粉丝网以媒体、社群、数据、交易四大业务矩阵覆盖明星与粉丝、跨领域名人名家、娱乐市场多元参与者的需求场景；联合正规交易所全新推出的“时间交易平台”打通明星名人与粉丝的互动对接。2017年年初粉丝网完成1.5亿元人民币B轮融资，估值10亿元，创下国内粉丝经济圈融资新纪录。截至2018年年底，粉丝网注册用户突破1.08亿，App下载量超过9100万，日均活跃用户数达600万，深度合作粉丝团1.2万个，覆盖粉丝群体2亿，荣登Alexa中国娱乐网站综合TOP1。未来，粉丝网将继续打造以粉丝为核心的娱乐生态系统，致力于成为“粉丝经济”与“体验经济”的领军企业。

【口述人简介】

刘超,毕业于华中科技大学知识产权专业。读研期间,刘超曾担任法学院研究会主席,担任校科技创新基金主席,并创立了研究生创新创业实践基地和未来企业家训练营。曾任职于盛大游戏并负责多款大型游戏的上线运营。2014年10月,刘超和团队成立了"粉丝时代",引入粉丝大数据的分析体系和游戏运营的理念,在明星成长、成熟、衰退和粉丝流失的不同时期引入个性化的粉丝互动工具,帮助明星实现粉丝群体的扩大、黏性的增强和附加值的提升;2016年10月,带领团队凭借作品《粉丝时代》,在第二届中国"互联网+"大学生创新创业大赛中荣获金奖及最具商业价值奖;2017年3月,粉丝时代完成1.5亿元融资,估值10亿元;2018年8月,粉丝时代与韩国KBS电视台及韩国经济TV同步达成战略合作。

【创业心路】

明确创业方向

筛选创业机会

2013年是手游特别火热的时候，我当时觉得手游是一个特别好的趋势。那时候我已经有将近两年在盛大的工作经历，正好移动互联网到来，在2013年年底的时候，我就想说可以出来创业做游戏。我们之前在盛大做手游的时候，一天的收入能做到10万元，这已经非常不得了了，我们做得最好的一天是单个手游收入突破560万元。所以那时我们觉得这个机会非常好，就想出来创业。

然后我就开始找投资人，因为跟汪潮涌的关系比较好，所以最初就找到汪总。原来在学校的时候，我跟他有各种各样的一些接触，所以愿意跟他谈投资的事情。汪总是国内知名游戏公司第九城市的董事，第九城市自魔兽之后就没有做出特别好的产品了，虽然公司的资金很充裕，但公司的发展不温不火。交流之后，汪总觉得游戏的或然性太大，建议我先做平台再做游戏。我当时也跟汪总表达得很直接，我在盛大一直想做平台但做不起来，做平台可能花很多钱但没有什么成效。

汪总当时就说做平台要看趋势，过去十年是商品经济快速发展的十年，最典型的企业是阿里巴巴，因为它解构了整个商品经济的交易单元和交易模式。他认为，未来十年是体验经济的十年，体验经济会快速地发展。粉丝是体验经济金字塔顶端的一部分人，把粉丝这个群体研究明白了，然后去反向解构就可能做成引领体验经济时代的企业。所以，汪总当时就建议我来做粉丝网，但当时我也没有立即答应。跟汪总聊完之后，汪总就说反正甭管你做什么我投你500万元，你做手游也行做其他什么也行，但是如果你做粉丝网的话我愿意多投。

发展粉丝网

粉丝网 2005 年就有了,最早也是汪总投的。2005 年到 2009 年是粉丝网发展非常快的几年。2009 年年底的时候,韩国的第一大电信和石油集团 SK 投了几千万美元,联合韩国第一娱乐热门和韩国 cnworld 的并购粉丝网,拿到了粉丝网的控股权。然而,SK 集团拿到粉丝网的控股权之后并没有经营好,2009 年到 2013 年的几年间是粉丝网快速没落的几年。2013 年年初的时候管理团队跟汪总说希望回购,然后汪总就出面跟韩国人谈判。2013 年年底的时候,管理团队的创始人由于身体原因没办法继续经营企业了,这个时候汪总也谈得差不多了。基于汪总自己对粉丝网未来的判断,正好我又去找他,他就建议我去做粉丝网。

我当时做了比较长时间的调研,也跟很多校友师生们都请教过,跟汪海兵、姚欣他们都请教过。由于我们彼此之前的关系都很好,所以有的师兄说得也比较直接。比如姚欣师兄就问我:"现在还有粉丝吗? 那 90 后还追星吗? 他不都追自己吗?"很多师兄的观点让我觉得很绝望,他们跟我说粉丝经济可能是个伪命题,这样类似的观点有很多。

后来我就去上海听了一场韩国演唱组合的演唱会,组合叫少女时代。当时现场有几万人,但翻译非常不给力,反正我全程没有看懂到底在表演什么。粉丝就喊叫几个词,歇斯底里的呐喊,整齐划一的动作,喜极而泣的表情。你问粉丝为什么哭,他问你为什么不哭。

当时我就感觉每一个明星的粉丝团就像一个宗教一样,他们有自己的信仰、沟通方式和行事规则。我们可以不理解他们,但是我们要认识到这种群体蕴涵的巨大能量。当时我就想怎么把他们聚合到一个平台上,因为聚合到一起确实可以产生非常大的价值。所以我就下定决心要去做粉丝网,之后就跟汪总说粉丝网这个事情我大概想怎么样去做。2014 年 6 月我跟汪总说,粉丝网这事我愿意做。2014 年 11 月,我们正式注册成立粉丝时代,把原来那个老的域名、公布数据全部转移到新公司,老的公司我们就注销了,相当于用新公司、新团队和老的牌子重新开始创业。

抓住人才 组建团队

我现在两个最重要的合伙人,一个是芸云,一个是程洁。芸云是上海交通大学毕业的,她是我在盛大的同事,比我早两年进盛大。盛大总共办了两届"牛人计划",她是第一届的"牛人",我是第二届的。第一届的时候没有这么好的条件，他们的待遇可能都不如我，因为没有30万元年薪这个事儿。第一届时选拔机制没有那么严格，但到我们这届，就搞得特别隆重。然后没有第三届，因为后来盛大解体了，就没有集团牵头做这件事情了。

程洁在华中科技大学毕业以后去了百度，她是去欧洲做交换生错过了校招，回来参加了社招，以很高的成绩进了百度。一个毕业生跟社会人去竞聘，然后通过竞争自己进了百度。之后她又去了创业公司。她当时生完宝宝之后，参加了一场互联网论坛，好像是首届互联网论坛。因为我是华中科技大学北京校友会秘书长，所以当时参加这个活动的华科校友是我组织的，于是我跟程洁碰上了，我说过来聊一下吧，正好我在创业，你别折腾了，来跟我做粉丝网吧。

我们是最初的三个合伙人，现在还有其他几个比较核心的合伙人，但都是后来加入的。

精致客户研究

分析粉丝需求

首先，去分析粉丝的个体需求，以及粉丝成团之后的特点和特征。当你把这些点都搞清楚了，那你再去运营就能够如鱼得水，得心应手。其次，再分析艺人，艺人的需求点又在什么地方。艺人不是在所有时候都需要粉丝，艺人在很多时候是希望安安静静的。那艺人在什么时候离不开粉丝呢？宣传期的时候。当艺人在做作品宣传的时候，对粉丝的需要就来了。所以，跟艺人的配合要注意时间协调性。实际上，很多艺人并不十分关注粉丝群体。

我们把艺人分成四个类别。第一，“有名有粉”，例如吴亦凡、李易峰等。第二，“有名无粉”，很多一线的女明星，她们的名气特别大，但是粉丝量不多，或者说已经没有那么多付费的粉丝用户了，至少她们出现在机场时不会有很多粉丝举着牌子到现场欢迎她们，为她们呐喊助威。第三，“无名有粉”，艺人名气不大，但粉丝群体数量不小。例如孔垂楠、许魏洲等，这些人在大众视野内知名度不高，但是他们每次出现在机场的时候会有很多人举着牌子接他们。第四，“无名无粉”，艺人名气不大，粉丝也不多。

我们要针对不同的艺人，给他们打造不同的服务。比如说有名有粉的艺人,他需要扩大的不是在粉丝群体当中的知名度,而是在中产阶级中的知名度。我们自己总结了一个词叫中产阶级知名度,就是有钱人中有多少人知道他。为什么要打造中产阶级知名度呢?李冰冰可能粉丝量不大,许魏洲粉丝量很大,但他俩的市场差别非常大,商演价值、代言价值差别也非常大。为什么会有这么大的差别?因为真正能买单的人差别大。比如说LV这些大品牌,它们不会找纯粹只有粉丝而没有名气的艺人代言。

所以,这也回答了为什么我要布局线下这一问题。当时有艺人就跟我说,粉丝网光做线下粉丝,我最多给你个友情价,如果粉丝网深度合作,价格会更优。她说如果粉丝网能在中产阶级中帮她曝光,就是在有钱人当中不断去扩大她的影响力,那就认可粉丝网的价值。所以,艺人愿意在分众传媒上去做很多代言工作,艺人会问你的投放计划,艺人要建立起中产阶级知名度,这些都是艺人的需求。你把握住艺人的需求后就知道怎么样去渗透,中产阶级搞定了,艺人的广告价值就大了。

研究客户的客户

说回来,许魏洲为什么"无名有粉",他怎么样能够把自己的粉丝群体建立起来呢?粉丝群体的建立都是有数据模型在后面支撑的。我们调研了很多的数据类型,总结出什么类型的作品最吸引粉丝。同样是一部电影或者电视剧上映了,有的人就会有非常多粉丝,有的人就没有粉丝。作品类型和角色类型非常重要。

当你把这些概念分析透了,回过头来指导产品运营,就有一种"升维思考、降维打击"的感觉。把握本质然后再去做一件事情,这是我一直秉承的。所以很多媒体在采访时会问我,你觉得对你而言最大的挑战是什么?你觉得最大的难度是什么?我说最大的难度就是怎么理解你的客户群体,客户想要的和你分析的他们想要的是否一致,如果一致你就有各种办法来满足他们,你满足了他们就可以赚钱。反之,如果你不了解他们,你认为是A人家要的是B,比如客户想吃鱼,我做的是虾,那客户就不会花费太多钱。这就是对价值原点的判断。

这些都是一步步做过来的,我们最早就是做媒体,从媒体来切入,因为要帮助明星去做曝光,就要知道他们什么时候需要粉丝。当预测艺人需要粉丝的时候,我们再配合上去做粉丝大事件,这才能产生叠加的效应。粉丝网刚开始建立客户人群的时候,虽然曾经一段时间有一定的知名度,但是已经很多年没有发声了,所以刚开始也有很多明星不认,那怎么办呢?去找突破口。

刚才讲的“无名有粉”的明星类型，这类明星一般很少有媒体关注他们。许魏洲刚出来的时候有几个媒体关注他？没有的，粉丝网去了。粉丝网说，我来帮你做各种曝光，然后我来帮你做粉丝运营。我们有一套数据分析体系，从数量、团结度、付费率、传播率四个维度看粉丝，看谁的粉丝变化量特别快，就马上去找人家。比如像《太子妃升职记》，刚一上映，我们马上就说，哎，这个剧粉丝量的上涨速度特别快，然后我们就马上去请太子和太子妃的饰演者到我们的演播厅去做节目。正好大结局的时候他们来演播厅做节目，收视率非常高，宣传效果也非常好，在粉丝群体里面影响力也特别高。这就是粉丝网对粉丝增长的判断。又例如马可，就是《花千骨》里面杀阡陌的饰演者，当时没有媒体找他，我们是第一个去找他的。后来腾讯有个节目叫《周一见》，去请马可请不到了，只能来跟我们合作，去做马可的专场，原因是马可没有档期了，唯一的档期给了粉丝网。所以说这就是我们对这个东西的预判。我们把“无名有粉”这类明星的需求抓住，用户量就会增长得很快。他名气不高，我们是媒体，我们可以帮他做媒体，做粉丝运营，他就愿意和我们来合作。

我们对明星的宣传是免费的，收入永远来自于广告和虚拟增值。当我们把单个粉丝群体建立起来之后，我们再去跟“有名有粉”的明星去谈，这时候我们的谈判筹码就大了。由于粉丝网已经有很多粉丝群体了，艺人就会考虑来与我们合作。所以，当分析清楚了用户需求之后，要找最合适的切入点，切入了之后，要把用户经历建立起来，为他们服务好，接下来就一步一步比较顺了。

之后，我们又打造线下的粉丝互动。我们收购了嘉盛传媒，这是一家专门做线下落地活动的公司，像好莱坞的《金刚狼》《神奇女侠》《正义者联盟》《变形金刚 5》等这些电影在中国的落地发布会全是他们做的，也包括微博电影之夜。这家公司相当于活动公司，但是他们可以制造和大牌明星见面的机会，对我们来讲就是粉丝运营的场景。现在我们相当于有五家公司在同时运营，粉丝时代做媒体和粉丝运营，然后底下控股四家公司。粉丝互动是线下媒体公司；时交联合是做明星时间交易的，主要是我们和交易所合作；嘉盛传媒现在是我们百分之百收购的；还有一个粉丝星途，就是造星的，就像刚才说的，我知道什么样的作品能吸引粉丝，我知道怎么样去包装他。所以现在粉丝网整个就相当于业务有所延展，比如说为了引入不同的股东，做了一些子公司的架构。公司的多少不重要，重要的是业务布局，从媒体、粉丝运营、造星到各种场景的打造。

明星的时间交易化体系

现在区块链大潮过来了,粉丝经济天然与区块链有一些非常大的关联,所以我们也在研究这块的技术。

我来粉丝网之前,曾在上海的小黑板上画了一下,我说我希望能把明星的收入证券化,因为每个明星实际上是一个企业,大牌明星的收入一年几亿元的利润是有的,同时明星收入的成长级数也特别大,基本上一个二三线明星一年也有几千万元的营收,甚至有几千万元的利润。从另一个角度讲,每一个明星都相当于一家上市公司。然而,他不太可能真正去上市,因为或然性太大了,不符合基本的经济逻辑和经济常识。但是,所有的经纪公司肯定都希望通过流动化、证券化的手段来做些什么。

所以我们希望打造明星的时间交易化体系,相当于明星把自己的时间放到这个平台上来,大家可以买可以卖,相当于具备投资价值。然后这个时间可以兑换什么呢? 可以兑换签名,见面,就是粉丝所有的这些日常需求。实际上就是通过这种模式,把明星的时间转变成收益。本质上,明星的盈利模式就是通过时间变钱,拍电影、电视剧作品赚钱,拍广告代言赚钱,然后跟粉丝互动赚钱,他就是把自己的时间去变成钱,他的时间分配就决定了他的收入。

所以,把时间放下来进行合理化的交易,基本上来讲就是明星收入变相证券化的一种方式。现阶段我们做得比较小,但有可能这又变成了一个新的增长点。现在的区块链技术跟粉丝这块是天然契合的,由于我们有粉丝基础,我们知道哪个明星真正值多少钱,他有多少知名度,他未来的增长空间大概有多大,我们可以往这些点上去做分析。这个方面具有很大的想象空间,但操作起来会比较难,比粉丝运营这块要难很多,我们也是刚刚才开始研究。

粉丝网的未来

对于粉丝经济,我觉得第一种理解是就粉丝谈粉丝,可能不需要和明星发生直接关系,比如明星最新行程的订购、众筹活动发起、应援物售卖等;第二种理解是能撬动艺人配合粉丝运营,能达到这个层级的粉丝平台其实不多,主要有阿里星球、音悦台、粉丝网、明星空间等。在这个基础上,不同平台的创业者有不同的切入点,他们对粉丝需求有不同的理解,因此就会有业务分工,例如社交、电商、音乐,为粉丝提供不同的服务。

未来,这些平台在大环境里竞争的时候,怎么能更好地满足粉丝需求,让粉丝在平台停留更久,这就要靠平台的综合实力竞争了。如果以韩国的粉丝

粉丝网户外拓展成员合影

文化为100分标杆，那国内可能只有20分。作品和粉丝需求的多元化、新艺人的兴起和粉丝群体的扩大，这些基本是不可逆的趋势。这种情况下，怎样规范化引导、运营，让粉丝认为在这里能够得到他们想要的东西，这取决于公司怎么深入挖掘他们的需求，这也要求公司从组织规范化和文化兼容性等方面向韩国看齐，这个看齐是教育和自我教育的过程。我认为，未来不会超过三年，中国的粉丝应援文化可以跟韩国比肩，甚至超过他们。

过去十年是商品经济快速发展的十年，顺应这个趋势阿里巴巴成为了伟大的企业，因为阿里巴巴改变了原有的商品经济的交易模式和交易单元。未来十年是体验经济的十年，粉丝作为体验经济金字塔顶尖的群体是很值得研究的，能将粉丝经济研究透，就有可能构建出在体验经济时代的全新消费单元和消费模型。

创业道路感悟

校园收获

我觉得学校给我最大的帮助是提供了一个环境，给了我一种支持，增加了我的体验和信心。因为如果没有老师对我的支持，没有社团这个平台，我不可能接触到那么多的企业家,然后向他们每个人学习企业经营管理之道。

当我一开始接触校友企业家的时候,他们都很成功,我特别受益,我觉得醍醐灌顶。但当我接触到几十位企业家的时候,我就发现人生开始混乱了。你是一个成功的企业家,我只听你分享道理的时候,我觉得特别好。然后有天我遇到了另一个特别成功的企业家,他分享了另一种观点,但是和原来的观点相悖,这个时候我就会出现认知冲突。就好比说这个人告诉我剑法应该这么用,那个人告诉我剑法应该那么用,完全不一样。但是这个人也很成功,那个人也很成功,所以那段时间我是很混乱的。之后再接触更多的企业家之后,其实就会发现每个人有不同的环境,每个人有不同的条件,他们的观点可能都对,看你怎么去体会,怎么去理解。这样的认知改变之后,再回到你自己的领域上来,就会发现整个过程就是思维的提升,你思考问题的深度、广度潜移默化地就提高了。

勇敢尝试创业

创业是一种人生嘛。你失败了也是一种人生,你成功了也是一种人生。所以我说创业是一种人生体验,小马过河的经验只有自己知道。创业不像很多人说得那么恐怖,也不像很多人说得那么轻松。创业不可能那么轻松,因为创业意味着你有更多的社会担当,意味着你要为你的员工着想,你要为你的用户提供更好的服务。你要去做贡献,做贡献永远不是一件简单的事,它意味着你要有担当。

每个人有自己不同的成功道路,但应该勇敢去试,特别是在学校的时候,多去经历一下、体验一下,趁年轻。如果说,要失败的话,那我觉得年轻的时候失败是好的,因为你能亏到哪儿去呢。关于“不怕犯错”和“不能犯错”,在学校就是一个不怕犯错的阶段,不怕犯错就是说,我最多是把一场学生活动搞砸了,失败得再惨,也就这么大代价。但是如果你到企业的时候,你可能越做得大,越不能犯错。我觉得现在的粉丝网相对于未来的粉丝网,处在不怕犯错的阶段,因为我还年轻嘛,粉丝网也还年轻,失败了大不了从头再来。但是,到未来,比如说真的做到像阿里巴巴那种层面了,每一个决策都要特别小心,因为要担当的东西特别多,那种时候就是不能犯错的时候。所以就是这样的,创业要趁年轻,勇敢去试。

谦益农业李明攀:跬步千里做真正的生态农业

【企业概况】

谦益农业(湖北)有限公司成立于2012年9月24日,是国内新锐生态农业企业,2016年被农业部授予“国家示范农业合作社”“新农民创业创新百佳成果”。农场秉持“善待土地、和谐发展”的自然农耕精神,种植过程禁止使用任何农药、化肥、除草剂,致力于为社会提供安全可靠的粮食产品,同时为后世留下一片绿水青山,并带动乡亲共享生态农业发展成果。主要产品为生态大米、小米、面粉及其他杂粮,种植、加工与销售一体化。

经过多年艰苦拓荒,截至2018年,公司已经拥有湖北黄梅、蕲春、房县,河南淅川,江西婺源,山西长治,黑龙江齐齐哈尔、牡丹江,苏州太湖等多个种植基地,总面积逾万亩。2016年,公司还启动了蕲春“虚心谷”生态农业旅游项目,并已取得明显成果。2018年8月,山西窑洞“芗舍里”生态农业旅游项目开始运营。

【口述人简介】

李明攀,1997年不满16岁考入华中理工大学电子系。2001年本科毕业后进入外企成为手机芯片工程师;2009年辞职回湖北黄冈农村实践生态农业;2012年创立谦益农业(湖北)有限公司;2016年,其项目被农业部评为"新农人创业创新百佳成果",成立的合作社被评为国家级示范合作社;2017年荣获"湖北青年五四奖章";2018年被评为湖北省十佳农民,中国智慧三农创业创新代表人物。

【创业心路】

创业萌芽阶段

最初的想法

2009年年底我刚回黄冈的时候,想法非常简单。前两年是一个很完整彻底的生命自我救赎,我在大城市里自觉被困住,吃不到放心的食物,身体状态随着肠胃不好而持续恶化。回来的时候我就想,如果我不能买到让我放心的食物,那么我可以自己种,自己吃,于是最初提出一个口号叫作:为有缘人提供放心的食粮。有缘人就是在城市里严重亚健康或者肠胃不好的那个群体,他们能感同身受,同时相信我们。我们首先服务于自己,随后再继续拓展,这就是我们最初的想法。

在具体实践的过程中,工科生的严谨逻辑思维引导我去发现这个产业的规模阈值。我第一年种了108亩[①],第二年只种了300多亩,这个规模下的失败前景非常之明显。规模太小,连一个好的碾米机器都买不起,更不要说租一个大的仓库了,专业电商、设计包装的人员、专业客服等想都不要想。当你都养不活一个团队时,家庭农场是唯一的结局,也就是种了东西,卖给国家。没有定价权,长远来看企业是无法生存的。

因此在未来如果还要让生态农业存活,这个模式必须有所发展,有所突破,规模必须合理扩大,同时打造品牌,拥有定价权。例如要发展到1000亩左右的时候,产值才足够支撑我租一个很好的仓库,买一个比较好的碾米机,才能有一个简单的电商团队,有一个人做客服,有几个人负责种植,这样团队才得以生存。

钻研农业的决心

我们生态农业虽然说很多地方是靠机器的,但是也有很多问题是必须要

① 土地面积单位,1亩≈666.7平方米。

靠人来解决的。我们之前在2009年做这个事情的时候,并不知道政府后面的政策方针,但是我们做的是符合天道的事情,因为社会存在这样的危机或者需求。当年的我没有这个宏大愿景,后来我在龙岗湖的那个沟渠里看到药瓶子、除草剂袋子什么的,有了钻研农业的想法。记得在学校的时候,我们学校的人文学术氛围非常好,有一句话对我影响比较深——求名当求万世名,计利应计天下利。本来我是因为身体不好,回来搞农业,但是我们华科人,搞农业也应该下定决心钻研,也应该闯出一片天地来,然后才有了后来这一系列的事情。

我们的企业目标最早是为有缘人提供放心的食粮。2016年的正月初一我写了一篇文章,说我们未来十年立足的目标是打造中国放心粮食品牌。2018年年初的时候我在后面又加了一句,成为健康生活方式的传播者。因为只打造放心粮食品牌其实太过于聚焦于产品了,而成为健康生活方式的传播者是文化的引领。

创业起步与成长阶段

逆商业发展

这几年的运营模式是在倒逼着我们发展,也称为逆商业。第一年108亩,60%的粮食卖不出去。第二年350亩,接近50%没能售出。但我第三年依然把规模扩充到600亩,并持续扩充,到现在上万亩。最初几年的规模扩张,基本就是自我倒逼。正常的商业模式是要供不应求再来扩大规模。当时我们是反过来的。

优先扩大规模,原因有三。第一是养活团队的需要。第二是引起政府重视的需要,因为只有达到了一定的规模,政府才会慢慢开始关注和重视,这样实际上降低了成本。规模小的时候,政府不管不问,这个时候流转土地,直接跟农村乡亲们打交道,花费的时间精力,也就是成本,其实更高。最重要的第三点,是如此形成对人才的吸引。当农场的规模持续扩大,我们的梦想也便逐渐展示,关注这个行业的人才能够了解到,原来谦益农业确实希望把这件事做成一个事业,而非简单的生活方式。其实一个事实众所周知——如果拉长周期,未来生态农业在中国一定能够发展起来,只是大家都不知道路怎么走出来。而谦益农业稳健地扩大规模,显现了我们想要踏出这条道路的决心。如果若干年过去，农场仍然只是一个小山沟的基地，这看起来更像是一个个人的生活方式，而非一场事业。

2015年以前的话，基本上都是在黄梅、蕲春，我们从一个基地慢慢地发展到两三个基地。从2009年到2015年，这么长时间只发展到这么个状况。2015年的时候，在河南老家做了一小块试验田，种植冬小麦、黑芝麻，当时这一块试验田规模不大，连100亩都不到。这算是第一次开拓外省的基地。

2015年以前，当时种植过程中我们碰到很严重的信任问题，我们自己说我们不用农药、化肥、除草剂，但是没有几个人相信。但后来我们就发现，有一个办法可以改善这种处境——如果农友实际到了农场参观考察，信任程度会大大增强，因为他会看到是什么样的一群人在做这个事情，我们的田地跟其他普通的田地到底有什么差别。比如不用除草剂、农药，蜘蛛、青蛙、飞鸟的情况都跟其他田地不一样。蕲春基地当时没有想过搞休闲民宿，只是想把小学简单改造一下，能够让来访的农友到这个地方，简单生活，例如搭个帐篷、做做饭等。

改造基地　欢迎参观

改造基地这个想法，主要感谢母校建规学院的谭刚毅教授。2014年年底，学校邀请我到第37期校友大讲坛演讲，那时我认识了谭教授。后来我们大家到这个基地闲聊时，他说，这个地方其实很适合改造，我们可以将其改造成一个休闲度假的场所，大家可以来吃，可以来住。没想到这成了我们休闲文旅板块的起步。

最初的想法是拿20万元把这个地方简单地改一下，能吃能住就行。后来没想到20万元花下去了以后，这地基才刚打起来，这个就倒逼着我们去筹钱。我们这些年的很多发展，都是倒逼的行为。而一旦一个工程开始，就不可以中途烂尾，于是后来发了一个众筹的文案。后来众筹的结果也是我始料未及的。我们当时规模比较小，希望众筹300万元，而且把众筹时间拉长到一个月，因为我们想着这肯定没多少人关注，如果一个月能够实现目标，大家就会觉得很意外了。结果让人想不到的是两天就筹到了足够的资金，很多人愿意参加我们的众筹，我们都觉得不可思议。

众筹成功，好像是意外之喜，后来仔细思考其实不然。生态农业一事其实是符合大众期待的，只要你真诚地告诉大家，并且脚踏实地、一步一步地做，这个社会上一定有人发自内心地支持你。

众筹

以上就是我们的第一次众筹，回报纯粹是产品，你投资5万元，未来十年我就会每年供应5000元的粮食，我们的客户也便是我们的会员，同时也意味着对我们自然农耕的支持。

虚心谷建成后，一个三口之家一年可以在这免费吃住十天。这是一个选择性实现的权益，大多数人未必有如此多的时间。但我们将这个权益明确化，同时这个项目独立运营。实现盈利以后也会分红。我们的分红计划从今年开始出来。当然还有一些其他的权益。

对很多支持我们的朋友来说，5万元并不是一个很大的数目。当他认同了我们的事业，也就会支持我们的梦想，谦益农业其实是实现了很多人的情怀和梦想——他本来希望在农村做一些内心喜欢的事情，但是他的工作放不下，于是支持我们，参与了梦想的实现。

我们还设置了2万元、5000元的选项，后来发现80%的人选择了投资5万元。当时我们始料未及，后来调研发现参与众筹的会员发自真心地支持我们。

有一位姓白的师姐如此留言，她说我是山西人，每年吃大米不超过20斤[①]，你们的很多权益我还暂且无法享受，但我参与你们这个众筹只是希望你们的自然农业能够因为我的参与，哪怕多活几天也好。很多最初的会员都是发自内心的，就是以一个很简单的心愿来支持这个事儿。这也是我们后来不管遇到什么艰难困苦都要坚持下去的原因之一，只为不辜负这么多信任我们的会员和伙伴。

后来我已经明白了生态农业怎么去解决资金问题。只要我们开启智慧，脚踏实地去坚持自然农耕，坚持零添加传统的食品加工，一定会有不少朋友支持我们。这个逻辑延伸到2017年，我们就成立了一家叫作唯简食品的子公司。

这个众筹类似于股权，但这里众筹的股权，大家都没有决策权，包括我们现在谦益农业的所有股权，被我无限期代持。因为我不希望他们在资本的诱惑面前，接受10倍的溢价或者20倍的溢价，把股份转让出去，那个时候谦益农业发展的决策权会被掌控在资本手中。

2017年众筹时，谦益农业母公司以它的商誉品牌无形资产占40%，在三

---

① 质量单位，1斤=500克。

年以内给深加工提供的原材料占20%作价。这个板块作价2000万元，释放40%的股份出去，之后三天就众筹到了我们所需要的1000万元资金，其中有一部分资金类似产品众筹。

中间很多人都被我们拒绝了。其中有一个典型例子，有一个人要投资50万元左右，他问我能不能把众筹的法律协议的条款给他看一下，众筹结束的时候他还非常生气地质问我，我一直都在密切关注你们，但为什么连结束的时候都没有跟我说？我说你可能对我们的团队都不太了解，大家首先都是把资金转在对公账户上，之后才把符合法律条件的文书发给大家。这样做也是对双方的一个信任测试。也就是说在你对我们团队还不够了解，还不够信任的情况下，建议你不要参加众筹，以后你对我们更了解了，还有机会，欢迎参加。于是每次我们面临资金问题，在进行筹资的时候，来支持我们的都会是一些发自内心认可我们的人。

这样的支持者，短期诉求不是很多，不是看短期投了多少钱，不是说三年就要做多大的一个财报。越是这样，我们就越能以十年为周期来做一个长远的战略布局。如果风险资本投了2000万元，就会对几年的财报、业绩增长提出要求，因为三年以后他就想要退出，不想说十年以后的事情。

2015年以前，谦益农业仍然是在摸索，对于自己的资金问题解决方案和商业模式，都仍然在探路。结果反而是从这一次众筹结束以后，我们的发展路径逐渐清晰了。

集中布局到全国分散布局

从集中布局到全国分散布局的机缘是在河南老家南水北调的中线渠首，淅川县马蹬镇，丹江口旁边，我们开拓了一片冬小麦基地。

当时的原因只是客户对产品提出了新的要求，大米之外还需要面粉、其他杂粮。我们这才诞生了到河南老家去的念头。但是后来我们觉察到要长周期发展，最终必须实现全国布局，因为只有全国布局，才能在优势产区去布局优势品种。

于是我们就发现，在河南布局小麦，在山西布局小米，在黑龙江布局大豆，这些是事半功倍的选择。这就是优势产区的优势品种的布局。于是从河南基地开始，到山西，到黑龙江，到江西婺源，到江苏苏州太湖，等等，我们开始主动试验布局。

我们还发现这种主动行为可以带来很多好处。首先，多基地的布局分散了天气风险,农业始终绕不过去的问题就是天气风险。过去我们的基地比较集中,非常害怕天气风险,而现在我们在全国有十多个基地,如果只是三个或者两个基地遭受天灾,并不需要过分担忧,因为我知道这是一个必然的概率事件,与此同时整个运营机制各方面已经做好了相关准备。

其次就是各个地方政府给的优惠政策,现在全国各个省,不论是山西、河南,还是湖北、江西的基地,都非常欢迎我们过去,会有一系列的优惠政策。在两个乡镇布局的时候,乡镇的领导对我们很关注,因为这个也是他的政绩,生态农业是国家的大政方针。后来我们开始在更多的地方布局,慢慢地开始跨省布局,而且这种跨省的布局伴随着政府的支持,比方说河南淅川县,政府把厂房、仓库、水电路全部帮忙建好,我们只需要上机器设备,就可以投入九蒸九晒黑芝麻的加工。我们也是慢慢地从第一产业发展到第二产业、第三产业,都是在这几年的模式过程当中去探索的。

种子基地留种

我们现在的种子基地都是自己留种的,我们有育种基地。我们在踏入生态农业这个行业的第一年,只敢保证找到的一定是常规种子,但是在这个行业里面做了三四年会发现很有趣的现象。比方说我们的农友会告诉我,他老家有一种玉米种子,是山区里面很古老的一个玉米种子种了好多年的,要不要试一下。我们就说发给我们几斤试一下,第二年再种下,第三年再试一下,能够自我留种,口感不错,是常规老种子,就留下了。比方说最早的时候,我们种的品种只有一个在黄梅当地找到的黄花粘,因为当时我们只能确定它是常规种子。但是到后来我们慢慢发现有云香贡米等一系列品种。

构建"家庭"式团队

团队最开始就两人,第一个加盟的是村子里的王哥。第一年 108 亩地就是从他手上租的,第二年他加入的逻辑很简单——小李是大学毕业生,在外面打拼了多年,回来应该有不同之处。当时我签了合同期限分别为 30 年和 10 年的土地,但农村不讲契约精神。我能看到地租未来是要上涨的就买了,买了之后地租行情也确实上涨了,但是别人就会用各种手段把我赶走,因为这个利益悬殊太大了。如果地租不涨的话搞不好还能安安稳稳在那种地。我已经看到那个趋势了,证明我还是有市场感觉的,吹牛一下。王哥认为我是有头脑的,他有一个很朴素的逻辑,觉得我是从华科毕业的,读了这么多年书,回来种田,不管别人怎么说，肯定有点不同的东西。他当年也是一无所有，现在他的生活很富足了，不敢说全部是因为跟着我，这么多年不光是一些合作，还有一些思维方式对他的启迪，让他摆脱了大多农村人的短视，他比普通的农村人看得长远一点。在王哥的周边，如果其他人的眼光都比王哥短那么一点点，王哥就可以做他们老大了。王哥刚开始加入的时候比较简单，就是跟着我干，连一年给多少钱都没有跟我谈，因为刚开始也不知道到底一年能够给多少钱。做到第二年的时候，就感觉比较吃力了，地租发不出来了，因为当时攒的钱都被骗走了，压力倍增。2011 年，当时还有个中科院研究生毕业的带着一个小孩子的妈妈过来，当时小孩子还在生病。一开始，她在网上看到我的博客，就自己一个人背个包过来了，过来两天就回去了，隔了几天跟我说她要把她孩子也带过来长住，又隔了一段时间把她的朋友也弄过来了。这些也是我们能够撑过最困难的岁月的原因。一群人，带着一个孩子，其实大家称不上是什么员工，大家一起生活，一起种田，没有什么契约，也没有什么股份，就是跟一个家庭一样，就是做这么一个简单的事情。最初根本无所谓什么创业、公司化、运作。

谦益农业成员在农田合影

媒体报道　打开知名度

第一个关注我们的媒体就是《楚天金报》，报道头版，当时纸媒还是比较有影响力的。这样就引起了微博、湖北日报传媒集团、江西卫视《深度观察》对我们的宣传,也是我们的第一波报道。当时我还在田地里边除草,都不知道农场被报道出来了,兼职客服给我打电话说,今天淘宝上来了一大堆人,下了非常多的订单,她已经快忙不过来了。媒体开始关注,订单突然增加时,我们暴露了很多问题。我们当时只有一个客服,而且还是抱着一个一岁多的小孩的客服,其实就是我媳妇的妹妹。当时的包装也是用矿泉水或者方便面盒子做的,极其简陋,没有什么设计,米里还有少量的沙子。当时在网上还被人骂:不就是被报道了一下就这么拽,都等了两三个小时都没有人回复一下。可以想象这个客户体验很不好,几千个人来问,只有一个人在敲字,信息全部都淹没了。关键是刚开始发给别人的米口感也不好,有的人还吃出了沙子,还有人说包装这么简陋,破破烂烂的,又是矿泉水盒子,又是方便面盒子。从那一年起,王哥算是不走了,因为他一看媒体还是关注的,觉得这个还是有希望的。但是2013年的时候我们还是分开了,因为我们还是赚不到钱,持续地在亏损,有点知名度又怎么样,准备不好,被吹到天上的猪一定会掉下来。媒体的报道只能让你活着,有了知名度以后,前期的客户体验并不好,大量客户还是流失了。

现实击败情怀　员工洗牌

我们的员工里还有一些研究生,自己身体也不好,北航的、搞石油的等等,一个个看到我们的信息从天南海北过来,但这些人现在基本上都离开了。因为说实话,这个事情真的是太难了,现实问题会战胜情怀梦想。当年伙伴们到这儿来,肯定是怀着一个美好的想法,但是长时间跟想象的不一样,家庭和社会的压力持续加重,然后就离开了。因为这些因素,我们的团队伙伴流动得比较多,第一年看到的跟第三年、第五年看到的是完全不一样的。因为很多人看我们,特别是以现在的思维来看,可能是没有前景的,我们今年只能达到这个样子,不少人觉得我们过三年可能还是这个样子,他们可能觉得看不到未来,觉得很难熬,坚持不下去就走了。但是在我看来,他们没有想清楚另外一点。其实很多事物的发展,当迈过了木桶的短板的那个临界点之后,慢慢补足,到最后就像核聚变一样,以大家都想象不到的速度发展。好多事情一旦迈过临界点就以摧枯拉朽之势发展,因为各种发展因素都来了。2012年经过报道之后,我们就和一些媒体成为朋友了。2013年、2014年的时候就有媒体朋友坚持帮助我们,帮助我们设计包装袋,写文案。2015年年初,报社的朋友就加入我们团队了。

谦益农业向大家承诺“守护安心食粮　传播健康生活”

创业成熟与转型阶段

三角形模型

2017年创业大赛时，我画了两个三角形，一个是我们走的路，就是一个正三角形，我们的土地从100多亩到现在的大几千亩，另一个，前几年有大的房地产公司也做农业，他走的路是一个典型的倒三角形，他一开始就站在一个高点，高举高打。比如说他第一年就宣布做100亿元，我相信他也可以找100万亩地，没有任何问题，而且三个月之内可以家喻户晓，不管通过官媒还是自媒体，在每个城市都有声势浩大的新闻发布会，这些都是资本可以做到的事情。

但是还有些事是资本做不到的。首先，除了要有知名度，还要有美誉度和信任，你可以用资本来圈100万亩的地，可是谁来帮你种田？如果说还是按照以前老百姓比较松散的方法去种，大部分顾客不会相信是按照严格的标准来生产的，即使有认证也没有用，解决不了信任的问题。

其次，农业的周期很长，如果农业第一年就能挣钱，就不会说周期长了。这个行业里的人做了大量的尝试，都知道前几年是一定挣不了钱的。第一年我们亏了60%，我们光108亩地就花费了20万元。第二年的时候，我们还是亏了,但是减少了,五六百亩可能亏了20%。那我发展到上千亩的时候,可能只会亏百分之几,3%~5%。越到后面,我们的口碑和品牌在积累,亏损会越来越少。

另外,我们在扩大规模的时候,一定是有很多销售数据、电商数据在支撑的。扩大多少规模,其实心中也是有底气的。

反观大资本投入,一开始,他们第一年就种了大量的粮食,虽然他们的财报看起来可能显示只亏了30%,但其实亏了20多亿元,因为资金规模很大。

第三年,农业项目的总经理如果告诉总公司还不能盈利,就会被要求赶紧止损,马上清掉项目。这个项目,他们搞了三年亏了这么多钱,还看不到远景,除非有一个公益基金每年同意给稳定的1000万元,不管收益,就这么稳定地一直做下去,否则他们是不会接受这种大量亏损的项目的。

迈向深加工

虽然我们在逐年进步,取得了不错的成绩,但还是存在很多困扰。我们跟消费者承诺,我们所有的粮食不超过12个月,我们不卖陈粮。但是我们豆类有剩余,我们的糯米也会有剩余,这就倒逼着我们去思考。后来发现,原来糯米是可以加工成黄酒的,黄豆其实是可以加工成腐竹、酱油的,没有卖完的小米是可以加工成小米醋的。而且很多东西只要保存得比较好,它的品质反而是更高的,因为是发酵类的东西。

慢慢地发现,我们能够将黑芝麻九蒸九晒,其他的食品深加工产品为什么不行呢?这就开始了我们的寻找之路,我们在山西问相关人员,你们能不能帮我们代工小米醋,不用化学添加剂,用我们自己的生态原材料。不用化学添加剂,我们的产品就跟市面上其他的产品划了一个很明显的界限。我们的产品是生态的,不用化学添加剂,其他产品则会加防腐剂,是勾兑的或者发酵时间不够。进行了一年多的尝试以后,我们就发了第二篇众筹文案。

这也是我们发展的第二产业——食品深加工。我们做酿足365天的酱油,是从清朝宫廷传下来的世家,用我们非转基因的黄豆酿做365天,还有小米醋和腐竹也都是代工,用我们自己的品牌。九蒸九晒黑芝麻,我们自己做古法去皮,符合传统道家的养生之道。

这个就是第二个阶段,2017年7月,我们成立了一家子公司。

发展第二产业——食品深加工是有内在逻辑的,我们发现只发展第一产业,利润不足以支撑一个企业真正发展壮大。

另外,除了食品深加工利润比较高之外,还有很重要的一点是我们的食品深加工在生态农业或者高品质的食品深加工产业链领域之内是有价格优势的，比方说一斤大米卖市面普通大米四倍的价格，受众很少，因为比其他同类产品价格高三倍。但是如果只高30%呢？比如衣服，我的衣服是纯棉的，我只要告诉别人咱们俩的衣服样式、做工都是一样的，我是纯棉的，你不是，你卖100元，我卖130元，很多人会愿意选择我的衣服。当年加工九蒸九晒黑芝麻的时候我们发现，一斤黑芝麻可以卖200元，但是原材料，别人用8元一斤的芝麻，我们用30元一斤的，只多了22元，假设后面的加工工艺一样，你卖200元，我卖220元，我们的利润是一样的。甚至我们把价格定到260元，你说人们是买你的还是买我的？人们既然都买了200元一斤的东西，还在乎多几十元买一个原材料比较好的吗？就像衣服，既然已经要买100元的T恤，纯棉的加20元为什么不乐意呢？后来我们才发现，在食品深加工的领域，我们其实是有价格优势的。

我们从2018年才开始意识到口感的问题，我们过去只是说用自然农法来种就行了，没有意识到口感原来是第一位的。因为第一次品尝的时候打没打药是品尝不出来的，但是好不好吃一定能品尝出来。

所以接下来我们团队会花很大的精力筛选不同的品种，我们现在有十多种老种子的水稻，都在对比它的口感在不同的基地有什么不同，比方说像玉针香，像后来的月光米，等等，我们在对比这些老种子的产量和口感之间的关系。如果能够将口感做到极致，也是一大亮点，产量低也没关系，因为客户一尝就会觉得这个米的口感好得不得了，卖30元一斤，客户也能接受。

工业思维指导农业

最早的时候我们一亩地的稻谷产量非常少，只收到300多斤稻谷，后来变成400多斤，500多斤，到去年的平均600多斤，最高700多斤。现在我们种一季，能够达到普通种植产量的60%。

自然农耕，第一个是信任问题，就是为什么可以不用农药、化肥、除草剂。首先反问，200年前没有农药、化肥、除草剂，庄稼是怎么种植的？通过反问，就知道一定是有答案的。然后我们再来回答如何做。首先，选择老种子，因为老种子经过了过去很多年的自然筛选，如果一个种子很容易惹虫子，会被自然淘汰的；其次，农场的种植不用化肥，用菜籽饼，种植紫云英做绿肥等，庄稼本身生长比较健壮；再次，农场的种植不会片面地追求高产而密植，合理的通风和采光，让虫子没有泛滥的环境；最后，也是最重要的，当一丁点农药都不使用的时候，田间大量的蜘蛛、青蛙、土蛤蟆、飞鸟，跟虫子形成了动态的生态平衡。

这跟仓库养了猫,老鼠虽然还有,但是不会泛滥是一个道理。

第二个就是用工业化的思维来生产。举一个例子,第二年的时候土地扩大到300亩,我跟当地的农人一起来种地,把这300多亩的育秧同一批育下去,说实在的,自己都不知道原来快一个月才插完秧。如果第一批的秧龄是30天,最后插秧的秧龄是60天,但是这个品种的水稻总共就120天的生长期,假如说秧苗都密集在一起长了60天,已经衰老了才给它分出来,这个时候产量自然是极低的,因为根本都不符合生长规律。

后来明白过来了,其实方法很简单。种两个品种,一个粳稻,一个籼稻,粳稻可以晚一些种植。分四批育秧,一批只插75亩,假设还是这么多田地的话,这75亩可以确保5天之内即使是人工插秧也可以插完。第二批晚5天再育秧,秧龄还是30天。

其实过去的农耕,农作物之间的行距刚开始都是凭老百姓的经验确定,他们想怎么插就怎么插,是不够优化的,一株里面他不清楚到底应该插多少根,所以常常是想插几根就插几根。根据他们过去种杂交稻的经验和加化肥的经验,杂交稻分蘖比较多,一棵就能分蘖十棵,常规稻分蘖不了那么多,要多插。一开始都没有经验数据。

工业化的思维就是要积累这种数据,我们典型的说法就是要形成数据库,进行标准化管理。还有一些细节问题,虽然是要用饼肥,但是一亩田地的饼肥到底添加多少斤算多、多少斤算少,深挖起来细节就越来越多了,各种参数都要考虑。水稻种植,首先纬度是决定性因素,同纬度的情况下海拔如果不同种植时间也不一样,然后水流的上游跟下游的水温也不一样,朝阳面的光照也不一样,沙质田跟下游肥沃的田地也是不一样的。当把这些因素慢慢地用工业化的思维来总结的时候,你会发现管理水平和田地的产量会逐年提高。

工业化思维的管理产生的背景就是自然农耕。何为自然农耕?过去的说法就是小农,一个人种百八十亩地,这才是自然农耕,动不动上千亩的规模不叫自然农耕。一个两岁的小孩子拿五斤重的东西拿不动,五斤重的东西对小孩子是不是很重?对一个成人是不是很轻?所以自然农耕何为规模大,何为规模小,是不是也是一个相对的问题?其实工业化的思维就是回答这个问题,人们质疑的核心问题是,种100亩的时候所有的东西都是自己种的,所以我们的品质有保证,我们的口碑也有保证,但种多个基地了以后品质是否还有保证。但为什么麦当劳、肯德基全球的品质几乎相同?问题就在于不停地发展规模的时候有没有解决这样一个背后的问题,所以才提出了用工业化的思维来指导农业。但是光有刚才的那一套还不够,还需要在当地找一位老农,一两年之后才逐步探索出来真正的流程化和标准化。

开辟新基地

我们还遇到一个问题，有人提出质疑：你不在的基地怎么能保证就是严格按照自然农法种植的？你一年只去了两次三次，你就敢拍着胸脯说这个东西肯定没问题？一开始我们也没有想明白这个问题，想着只有自己过去了才能解决问题。所以我们也是随着遇到的问题来提升管理水平的。最早的时候在乡村碰见一系列的问题我们才会想到一个解决方案。首先，每一个新开辟的基地的管理者要有我们自己的伙伴，这是一个基础。其次，在当地一定要找一个德高望重的长辈，他可以帮你协调当地的用工问题，他知道当地的气候问题，他知道当地的水流等方面的问题，他可以解决内部问题。

比方说就像黑龙江基地拓展到齐齐哈尔，因为这个地方有一位德高望重的老人，刘有生刘善人，他家的大儿子过去就做自然农法，只是规模很小，因为没有多少销售的渠道。我们的机制是先有一个靠谱的人，再围绕这个人打造一个团队，因为我们觉得人不靠谱的话干什么都不行。这是华科的工科思维带给我们的。

从机制上杜绝作假

防止作假还要设立机制，首先要限制最高产量。人们都想着完全以高产作为目标，为什么会偷偷地打农药用化肥，肯定是为了增产，当增产的收益跟基地负责人直接相关的时候，他才会考虑作假。但是谦益农业的机制是，第一，根据我们过去的种植经验，基地只要按照我们的种植流程，达到一定的产量，就有一定的利润空间，假如基地的负责人忙活了半年能有10多万元的收入，他作假的动机往往就会变小。

第二，规定超过的产量跟他们的收入没有关系。假如他们花了钱购买了农药化肥，增产了，但是高产的部分跟他收入没关系的话，那他就不会再有这个动机。

第三，除了我们的伙伴在过程中的监控以外，农场每一个基地肯定要接受检测，秋收的时候一定要采样，农残重金属一定要检测。

总体来说就是从结果、过程还有动机上面慢慢杜绝造假，其实这还是工业化思维的延伸。

家园计划

我们除了农产品和食品深加工外,还有第三产业——家园计划。两年前众筹结束,就开始思考了。家园计划既为我们赢得了发展的时间,也解决了我们发展过程中的资金问题。

这些年我们有一个民间中医的圈子,也聚集了一批热爱传统文化的朋友。当我把这些人脉都联系在一起的时候,同气相求,在客户群体中,寻找100个家庭,每个家庭出资25万元左右,在山上建成别墅式的小木屋。当出资人的父母想来养老的时候,就提前告诉我们,我们把这个地方打理得干干净净,让入住的人有宾至如归的感觉。

第一,这个别墅式的小木屋,永久使用权是出资人的,这个政策层面也很清晰。现在打造的这个田园综合体,因为国家有规定,就是百分之几的土地,可以建造这种别墅式的小木屋,可拆卸,不是用钢筋、水泥、混凝土的这些东西。而出资人不在这的时候,农场帮助运营,出资人有一定比例的分成,同时在家园计划里面出资人也会占百分之零点几的股份。第二,家园计划有可能会带来一部分资金收益。第三,如果这个子公司以后真的成为全国性的相当于山区地产养老的一个公司,那出资人是不是获得了较多的溢价?

只要把这三点说清楚,并且切实落地,寻找100个家庭的难度并不大。我把这个想法跟身旁的不少朋友讲了,很多人愿意参与。首先在江浙沪地区,对有些人而言这个钱确实不是一个了不起的数字。然后他们还有一个烦心的事,父母在老家年纪大了,他们不放心,定期还要想着回老家看父母,父母跟自己住一块,又会有诸多家庭矛盾,他会觉得这二三十万就解决了这个事情。这里有中医老师,还有来教授太极拳的老师等。这个地方可能还有半分地,可以种种菜,老人家想回家的时候就回家,不想在家就到农场住。他们觉得解决的是一个很切身的问题。我们跟很多传统保险公司的养老板块做的不一样,我们把中医传统文化加进来了。

婴幼儿辅食计划

在黄梅工业园,我们的项目是婴幼儿辅食。目前在婴幼儿辅食米粉行业,国内的产业是空白的。未来五年长周期的战略我们也会分三步走,有的是务虚,有的是务实,比如说九蒸九晒黑芝麻就是今年必须落地量产,并且有利润,婴幼儿辅食计划就是服务于将来3~5年,现在只是一步一步地做这个布局。第一步可能就是成人的代餐粉。我们的优势在于把所有的原材料掌握在自己手上，我们敢说自己每个原材料都是生态的。然后是幼儿食品，因为幼儿的要求并没有婴儿那么高。同时我们也会在自己团队内部分三步走，因为投资分三步走，政府给的支持也分三步走，这个刚好就契合了发展节奏，我们不会在自己实力还不够的情况下步子跨得太大。

资金问题

随着我们基地的规模不断地扩大，我们没有引入大规模的风险投资，但我们有自己的实现路径。当公司的销售业绩、现金流水等指标不停地增长时，银行就会对我们青睐有加，仅仅根据账上的现金流，银行就会告诉我们信用贷款可以开放多少额度。政府的扶贫资金也是如此，因为我们所到的地方确确实实是在进行扶贫的工作，并不是一些虚的事情。

如果说最开始都是一个小农的心态，也就不会想到要去扩大，去承担这样的风险。但谦益农业有想达到的目标，这个时候远大的目标会不断地激励我们逢山开路，遇水架桥。我们心里想的就是如何解决这里面的问题。资金问题来了也要想办法去解决，但我们不能违背自己的初心，这些年也有不少风险资本来和我们谈，而我们一直坚持交朋友可以，但是在企业成长到一定体量之前，不会和风险资本打交道，我们采取的主要是众筹、银行融资、产品预售等方法。

但这个也要因时而变，比如2020年就可能和一些资本打交道。因为我们已经成立了一些子公司，种植板块是各个基地的合作社运营的，我们有食品深加工板块可以和资本对接，控股即可，家园计划也可以跟资本对接。

创业感悟

不忘初心

谦益农业刚开始看起来比较多元化，这种多元化初期是为了生存的需要。但是，对谦益农业的客户来说，买了农场的大米还需要小米，还需要面粉、豆子。多元化某种意义上也是服务于客户的需要，包括后面推进腐竹、麦芽糖、黄酒等食品深加工也都是在这个生存过程中的探索。后来才发现也不尽然是多元化的，比方说谦益农业有哪些东西是不做的或者说只做哪些东西，我们的努力只是围绕放心餐桌,而且是把肉食一类的全部“砍掉”。从个人理念上来讲,谦益农业是不搞养殖的,这个首先“砍掉”了农业的很大一块。但是像那种油盐酱醋茶,包括未来我们的客户再发展到一定规模后我们再做生鲜类,都是会的。因为这并没有背离我们自然农耕种植的理念。包括刚才说客户购买了大米、小米后还想问我们要醋、酱油,也是很自然的需求延伸,所以我们还是围绕自己的主业来做的。

我们现在搞的所谓休闲板块,本质上来讲,还是服务于我们品牌传播的需要,我们一开始并没有想过休闲板块要赚到多少钱,但是后来发现我们的农友可以支撑农场休闲板块的运营。刚开始考虑的是农友来了,传播我们信任的口碑,星星之火可以燎原。后来我们想打造家园计划,它还是更长远地服务于整个谦益农业的品牌,因为只有更多的人亲身参与了以后,品牌根基才会牢固。所以企业的每个阶段都有核心的发展计划。

这几年也有上市企业想把我们并购,让我们成为他们的生态农业部门。谦益农业有三种结果,最好的结果是随着国内生态农业的发展而成为行业内的领先者之一,其次是如果团队的能力跟不上我们的梦想,但是企业多年的积累(客户和技术)有自己的价值,会被收购;最差的结果是倒闭。如果有一天我们真的倒闭了,很可能是因为我们自己主动造假,一旦造假,谦益农业的根基就没有了。这么多年谦益农业做的就是一个信任,如果信任没有了,谦益农业就垮了。当然,只要我活着,我就不会让这种情况出现。先不说我做人的口碑,至少信誉是我们赖以生存的根基,我不会去毁它。

未来展望

以十年为周期,只要中国各个方面比较平稳,那么一定会诞生放心粮食品牌的大企业,任何一家粮食企业如果能在中国确立像华为这样的地位,它就面临着一个非常大的商业蓝海,这一块是完全的蓝海,因为最近这些年大资本投入这一块的时候,基本上都是铩羽而归的。

如果说十年以后我们还有机会坐在这里,相信谦益农业会是一个规模非常大的全国性公司。

有时候跟团队讲,第一,在生态农业方面,草根创业的,谦益农业的规模排在全国前列。我们目前还没有发现几家草根创业农业企业的规模比谦益农业要大,现在说的只是主粮杂粮,因为蔬菜这一块确实有规模比较大的。大家都觉得主粮杂粮这个周期太长,不愿意做,不像水果蔬菜见效快,产值高。所以随着国内生态农业发展,我们也慢慢地布局,水涨船高,这个行业的趋势将推动我们十年以后达到一个高度。

第二,我们的能力与我们的战略雄心和梦想不匹配。如果团队的能力不足以支撑未来的梦想,但是只要我们一直在做真的事情,那么我们一定会有口碑的传播。我们在生态农业这一块有很多自己的积累,包括我们申请的一系列农技改进的专利,怎么降低除草成本以及试验各类除草机器。我们小麦豆类旱地的除草机器系列已经落地了,稻田还没有真正投入规模化使用,会逐步改进,这些在未来一定会构建起核心竞争力。

五年前我们还只有一个基地,那个时候曾说,五年以后我们要实现全国布局,很多人嗤之以鼻,现在初步做到了。去年年会又夸下海口,说五年后我们要实现全球布局。以当前之局势,如果五年以后没有在全球布局,一定没有未来,就像当年如果只在黄梅布局,也没有现在。

在湖北种小米,能种出像山西基地一样的品质吗?种不出来,一定是事倍功半。五年以后,当在国内已经有一定基础,不到缅甸、老挝等地去布局,人家的土地成本比我们低,污染少,进口过来再加上一系列的税费,价格仍然比我们的产品低,口感还比我们的产品好,我们怎么活下去?

但是为什么我们还有五年的空间?因为现在从老挝把大米拿过来也没有用,没有办法证明这个东西是老挝的,没有树立起品牌的信任。还有这么长的时间让我们把自己的团队建设起来,把自己的力量增强起来。假设三年后我们已经在老挝布局一个小规模的试验田了,大家已经知道了,谦益农业不错,在老挝布局了一个田,再三年以后我们在老挝的规模已经很大了,大家觉得这是很顺理成章的。但是如果突然我就告诉大家从老挝拿 1000 万斤粮食回来了,大家就会想这粮食是不是真是老挝的,这种信任是很难达成的。

扎根乡村　走在前列

我们谦业农业比别人有优势可能有两个原因。第一,从事农业的如果是常年在农村的乡亲们,可能他们知识面没有我们团队全;第二,如果是其他跟我们一样的年轻人,不一定能像我们团队一样能真正地把脚扎在泥土里面。很多人,知识、才华、学识、社会阅历都比我们高很多,但是在农业这个行业,他站在岸上,从来都没有到过地里去,这是行不通的,至少在目前来看是不行的。前面三四年,甚至是前五年几乎都是在跟田地打交道,跟庄稼打交道,跟农民打交道,跟每一个乡亲打交道。背后有很多的思维方式不同,很多的痛苦麻烦,让我们对乡村、对土地的理解更深入了。我们向苦难学习,向失败学习。虽然别人也会遇到这些坎,但别人是这样:一种是用心不专,一方面搞其他行业挣着钱,一方面拉个团队做农业,那只是他的爱好,不是他为了生存必须要做好的一件事。这样并没有真正地把脚扎在泥土里面。还有另外一种是,人回到了乡村,但是人的整个心没有融入乡村。跟乡村的各种人事打交道的思维方式,跟城市的逻辑是不一样的。城市可能还有契约精神,可以利益来驱动。但是在农村这一套不全管用,它是一个人情社会。很多人并没有真正把自己的心扎在泥土里,他们回到了乡村,但他们的思维模式还是在城里,所以会不停地碰壁,碰到最后就不搞农业了。

硅谷未来学院程曦：立足硅谷服务创新创业生态

【企业概况】

硅谷未来学院成立于2016年，是一所面向全球企业家、创业者及投资人的创新服务机构，专注于提供引领未来科技与商业创新的大师课程及认知服务，致力于打造集海外定制游学、跨境项目对接、科技人才智库、科创股权投资为一体的国际化资源平台。成立至今，硅谷未来学院接待了1000多名全球知名企业的创始人/高级管理人员；邀请了来自斯坦福、伯克利大学等全球顶级高校的50多位著名教授为学员们开展了100多场精彩课程；举办了10多次科技投资论坛；与Google、LinkedIn、Plug & Play等著名科技企业/孵化器合作，组织了100多次实地探访交流。

【口述人简介】

程曦,1999年毕业于华中理工大学自动化系,获得自动化及市场营销双学士学位。毕业后入职网络通信设备公司H3C(后被惠普收购)海外市场部。任职期间获得多次晋升,曾在香港、东京等城市工作,并参与新加坡、马来西亚等地分公司的筹建。2007年被长江商学院录取,因表现突出,被选拔前往加州大学伯克利分校HAAS商学院学习,毕业时获得工商管理硕士学位。之后加入阿里巴巴集团海外业务部,负责公司主网站的在线推广及海外合作拓展。2010年,离开阿里巴巴,回国创立订阅制有机食材电子商务公司。2015年,出于家庭原因将公司出售后和家人搬到美国硅谷居住。2016年成立硅谷未来学院及明道未来资本。

程曦现为硅谷未来学院的联合创始人兼执行董事,明道未来资本的管理合伙人。同时,她也是华中科技大学创业导师、华源科学技术协会Charter Member Club的联合主席、长江商学院校友会理事。

【创业心路】

求学与国际经历

华科求学与素养奠基

我于1999年进入华中科技大学，当时校名为华中理工大学，主修自动化专业，并辅修了市场营销作为第二学位。华科严谨的学习氛围，优秀的科学技术平台对我有很深的影响。如果用几个关键词来总结华科的求学经历及给后续工作、创业、生活所带来的影响，那就是跨界思维、科学精神和追求卓越。

跨界思维。华科给学生提供了跨界的机制和氛围，鼓励学生学习自己感兴趣、有利于拓宽视野的东西。而我的个性也比较跨界，受这样的氛围影响，我同时修了自动化和市场营销双学位，也学习了计算机四级。包括后来的跨境投资和国际教育，我做的事情都是在跨界。我认为未来跨界的人才会越来越重要，因为学科的边界正在慢慢消失。比如机器人是很多学科的集合，从机械到传感，到电子，到材料，都需要跨界。新的生命科学，也绝对不止医药行业。而大学正需要从本质上培养学生的跨界意识。

科学精神。我属于逻辑思维能力比较强的，物理成绩非常好，中小学都参加了奥赛，本身也更喜欢自然科学、工科方向的事物，在华科这样的学校更加深了对科学和知识的崇拜感。虽然我不是一个完全从事技术的人，但还是更倾向于选择在科技行业，做一些综合性工作，比如产品化、市场化或者是管理化工作。所以毕业的时候虽然也拿到了一个世界知名500强零售企业的工作邀请，我还是去了一个通信领域里的科技公司。

追求卓越。在大学最难忘的一件事就是电工实验，这对于很多人来说只是一个课程任务，但是从设计到焊接，我自己做了一个质量很好的充电器并用了至少两年。对我来说，它就是一个小小的项目。我不仅要确保充电器的质量和使用寿命，也要说服宿舍的人接受并使用它，因为大家会觉得这是一个潜在的会爆炸的危险品。所以无形当中创业故事就是从一个小小的充电器开始的。

除此之外,工科专业的学习经历也让我非常习惯待在一个女生很少的环境里,当时在自控系我们班就只有四个女生。从我后面的职业经历上来看,科技圈本身就是一个女生不多的地方,大部分科技公司的女生还是走 HR 等职能路线的,像我这种直接在业务线的很少。硅谷投资圈里面女生就更少了。但我习惯了这样的环境,也不会觉得自己会面临很大压力。

H3C 工作经历与国际视野

我的第一段工作经历是在 H3C。H3C 是一家领先的数据通信设备制造商,在 2009 年 11 月被惠普收购。我加入的部门是国际业务部,当时是新筹建的部门,我是部门第八位员工,部门的前七位都来自于华为国际业务部,都是非常资深的前辈。我在公司工作五年,也是公司国际业务飞速增长的 5 年,离开的时候国际业务部已经有近 500 位员工。

在 H3C 的这段经历给我带来了很多收获,从一开始独立负责面向 SOHO 市场的产品线,到负责这个产品线所有海外业务的开拓,包括进入日本、欧洲市场,推动和西门子、三星等公司的合作等,再到亚太地区的业务开拓,在马来西亚和新加坡搭建团队,三年内实现市场份额从零到前五的突破,公司给了我非常大的空间和很好的平台。

记得第一次去日本跟三联商社开会,公司只派了我一个人去,并配了一个翻译。我到了之后才发现对方来了六位总监级别以上的高管。我去之前有过疑虑,但公司总部直接就说没问题,你可以全权代表。这样的机会能够直接把你放到国际舞台上,跟一些顶级的企业交流,还会给你很好的支持,让一个年轻人能很快速地成长。这样的平台和锻炼的机遇是我非常感谢的。

伯克利求学与创业意识

此后我攻读了伯克利和长江商学院的工商管理硕士学位。工作一段时间后再读研究生是因为我觉得先工作一段时间可以更好地找到自己想要的方向。我之前的工作已经涉及市场策略和产品管理,MBA 的教育很好地补充了我在财务及供应链体系方面的不足,也让我比较充分地理解了资本和商业之间的关系。

伯克利的 MBA 项目创业属性较强,这几年的排名也一直在上升,这与美国经济由金融驱动向科技驱动转移有很大关系。早年像哈佛、沃顿的学生都去投行,现在大把大把的学生会涌入硅谷。伯克利哈斯商学院有一门最受欢迎的“VCPE”课程,授课的三位教授是硅谷非常知名的风险投资人,他们通过实际案例，能够很清楚地告诉你资本和企业之间是一个怎样的促进关系。

在伯克利学习的这段时间，我非常直接地感受到硅谷的创业文化，同学之间每天也都在讨论商业计划，想可以自己干点什么事情。也许就是在这个时候我心中种下了创业的种子。但我也没有毕业后马上创业，还是先去了阿里巴巴工作，觉得应该等到了合适阶段再创业。

阿里巴巴工作经历与拥抱变化

商学院毕业之后，我加入了阿里巴巴。当时阿里巴巴找我，也是因为我之前在海外市场的工作背景。我最开始负责的是 Central Marketing 部门，但来了没多久 Digital Marketing 部门的负责人就离职了。我的老板，同时也是阿里巴巴的创始人之一，让我接下这个部门。这在当时给了我一个很突然的变化和挑战。我需要在管理好团队的基础上，快速积累这个领域的专业知识。这个时候，在本科打下的一些数学、工程、模型的基础就起了很大作用。

2008 年刚好是金融危机的时候，马总决定反周期，加大整个海外的投入。我们部门当年用于数字营销的费用占整个销售额的 1/3。这笔经费大多花在阿里巴巴的 B2B 网站上，为网站全海外卖家获取流量，提升品牌美誉度等。我们采用的是线上线下相结合的营销模式，在投放模型和投放渠道上做了非常多的尝试。当时阿里巴巴是 Google 国内前十大客户之一，同时 Facebook 也刚刚起步，我们算是第一代接触到数字化营销的人。

我从这段工作中学到了很多东西，真正理解了如何通过数据来建立决策机制。同时，在一家真正的互联网公司，你会发现有很多商业模式、传统思维模式会受到诸多挑战。这段经历让我更能理解互联网思维，以及在这样的时代下会有什么样的可能性，同时，阿里巴巴拥抱变化、不断学习、敢于尝试的企业文化也让我受益匪浅。

求学与工作的总结和思考

总的来讲，大学最重要的是培养好奇心和养成好的学习习惯，也是一个创业的启蒙期。大学本科学习也是一个打基础的学习。

后续的工作中，虽然我是在 500 强公司，但我从事的岗位都是全新的，从无到有的开拓性工作，带有很强的创业特质。两段工作经历对我的能力培养、国际视野拓展以及资源积累都有很大的帮助。

国际顶尖商学院的系统学习则更让我意识到系统金融知识和企业家精神的重要性。企业家精神并不是要求你直接去创业，并创造出什么东西。企业家的精神和能力是一种整合资源,通过各种方式去实现你想做的东西的思维模式。这种思维模式在很多平台上都用得到。

第一次创业经历

动机与方向

创业应该具备一些基本条件。第一,有一个比较完整的想法要做什么;第二,对这个事有一定的理解力和优势;第三,有一群人愿意支持你去做这个事。

具体一点,当时我从阿里巴巴出来后,中国电商一片蓬勃发展,平台电商的浪潮刚过,各种垂直电商开始出来。选择食材类作为创业方向,是因为当时国内电商在整个食材领域都比较空白,没有太多的玩家在里面,是一个蓝海。

当时这个判断还是挺浅显的,没有考虑到后面可能遇到的非常多的困难。但整体感觉这个行业能够被互联网改造,这个方向还是对的。在农业和食材行业,产品、服务体系需要标准化和信息化来让整个过程变得更透明,同时也需要解决当时国内比较严重的食品安全问题。最后我们从数据也能看到,食材和食品电商,虽然绝对值很小,但是成长速度非常快。

资源与团队

创业是一个艰难的过程,除了找准商机外,还需要资源和团队,要有愿意和你一起的小伙伴。在顶尖商学院或者一线大企业的经历可以让你拥有这样的圈子。当你想去做一件事的时候,就可以水到渠成地把团队组建起来。

我第一次创业是作为单一创始人,组建了团队,也获得了投资,随着投资人资源的导入,再有更多的人进到管理团队。我是有了一定积累才开始创业的,所以启动得比较快,也很顺利。

模式与过程

我的第一次创业,并不完全是有机食材的电商公司,而是线上和线下同时开始做的。我一直相信对于传统行业来讲,互联网是工具,每个行业都有自己的行业本质。很多商业的本质都是,成本是什么,市场接受的价格是多少,需求在哪里。

最开始我们做的是订单农业，属于高档农业，在这个模型里，只要有比较好的机制和客户，做到需求平衡，就能够避免大量浪费。我们当时很想把有机农业做大，即使有机农业的认证体系比较严格，我们也拿到了资格。我们建了上海第一个有机农场基地，不大，但至少能够保证大几千户家庭的蔬菜供应。我们对于每一种蔬菜进行标准化管理，产品标准化后平均是 10 元一份，大多数中产及以上的家庭可以接受。

我们中间尝试过一段时间 To C，跟高端客户效果也不错。但后来，尽管我们产品线较为丰富，量上受淘宝类冲击仍很大，我们这块业务后来基本就停在这里，全面战略转向 To B，没有再碰 To C 市场。所以公司没有做得非常大，但也保持了在自己服务体系里一定的良性循环。

退出公司主要还是在重心转移的大前提下相对主动地撤退。第一，我家庭的关系，那个时间点我先生因工作需要搬回美国，第二，我们转型到 To B 后，对互联网和产品创新的依赖度降低，而对线下经营的依赖变高。后面有新的战略投资人作为我的合伙人进来，他在相关方面的资源比我更有优势。他本身也是一个上市公司创始人。我就比较顺利地退出了。

创业感悟与企业家社群

我的第一次创业是在一个具体的行业里，并不是一个没有边际成本的互联网产品，它可以用互联网的思维去打磨，但本身是有其行业属性的，我需要理解这个行业的商业本质。

在华科的学习和在 H3C 的工作经历让我学到要做的事情应该更符合商业本质。在阿里巴巴的行业背景、整个管理数据化营销、对互联网模式的理解、对技术逻辑的理解、对整个行业数据上的一些理解，都对这次创业很有帮助。

除此之外，这次创业也更让我明白了企业家社群的重要性。在创业或者经营企业的过程中，每个企业家都是孤独的，在遇到各种问题的时候，员工和投资人都不是很好的商量对象，而这时候企业家社群就是一个很好的模式。企业家社群不仅是一个精神家园，能够产生信任和共鸣，而且可以形成很多交流，带来实质的帮助。

这不仅局限于社群属性较强的亚太地区，在美国也是一样，比如在硅谷，也有 Paypal 创业帮，创建 Tesla 和 SpaceX 的 Elon Musk，创建 Palantir 并投资 Facebook、Airbnb 的 Peter Thiel，创建 LinkedIn 的 Reid Hoffman 等，这些改变世界的创业者都是从 PayPal 出去的，他们互相之间都会有精神和力量上的支撑,当然也会有实质性的技术和资金上的互助。

所以说很多事情还是在信任的圈子里面发生的,就是说你的信任和社群形成了之后,很多事情才会发生。而企业家社群也是一个特殊的社群,不太需要过多的引导和教育,但社群形成之后能够产生的力量却非常大。这也对我的第二次创业产生了较深的影响。

海外创业经历

转战硅谷

到美国后也相对比较适应,硅谷是一个我非常熟悉的地方,除了有在那边求学的经历外,我本身也和硅谷的朋友有持续的互动。即便在国内的五年时间里,每年我都会回硅谷,见一些校友、朋友,进行创业方面的交流。

2015 年是中美交流的一个小高峰,中国对美国直接投资净额达到了 80 亿美元,非常多中国的访学团来硅谷学习。他们遇到的一个普遍问题是,斯坦福或伯克利商学院的企业家高层教育的课程内容设计有些不落地,缺少前沿科技与商业结合的视角,资源仅限于本校或本系,而且价格非常昂贵,普通游学机构的资源又非常业余,很多是从旅行社转型的,对行业没有深入理解。当时在硅谷有一家特别的大学叫奇点大学,是 Google 和 NASA 联合发起的,奇点大学的培养目标是面向科学界和商界精英,其宗旨是汇聚全球最优秀的人才,采用跨学科教学方式,为应对人类面临的气候变化、能源、健康和贫困等重大挑战培养未来领军人物。

在这种情况下我联合几位在硅谷非常资深的企业家、学者及投资人,发起成立了硅谷未来学院,旨在把硅谷未来学院打造成为面向亚洲的奇点大学。我们联合斯坦福、伯克利、卡内基梅隆硅谷分校等顶级院校的知名教授,打造了一系列针对企业家的大师课程。

硅谷创业过程

学院的课程体系分成了 12 个课程模块,包括现在大家都比较了解的人工智能、大数据物联网、AR/VR 等交互技术,以及生命科学、新能源新材料应用等方面。我们在每个主题模块下去寻找最好的、能够跟企业家互动的产学研

硅谷未来学院创始人合影

内容，比如在这个领域的顶尖教授来分享他们的研究成果及可能的商业化路径，在这个领域里很有声望的基金分享对这些行业的趋势是怎么判断的，以及在这些领域里面的大公司、新的独角兽或者创业企业分享一些思考和布局，然后围绕整个硅谷产业界、学术界和投资界的生态把它组织成一个游学课程。

我们最开始是和国内一些非常前沿的独立商学院，比如长江、上海高金等进行 EMBA/CEO 课程项目的硅谷模块课程合作。由于课程效果和口碑非常好，同学满意度非常高，所以其他组织机构，以及这些学校内的其他项目都开始引入硅谷模块，比如创业邦、红星美凯龙等。随着时间的积累，我们在硅谷形成了一个针对企业家圈层如何探讨前沿技术及商业创新的一整套课程体系。

联合发起人

学院还有两位在硅谷非常资深的联合发起人。一位是徐晨阳博士，他是全球范围内人工智能和医疗影像领域顶级的专家。徐晨阳博士是电子和电气工程师协会（IEEE）院士，加州大学伯克利分校电子工程计算机科学系工业顾问会理事，清华大学 EMBA 课程特邀教授，硅谷创新领袖论坛联合主席。他曾任西门子硅谷创新中心总经理和人工智能医疗影像研发主任，在此期间研发了 10 多项应用于医疗诊断、微创及手术治疗的 AI、AR/VR 新技术和新产品，拥有 20 多项国际发明专利。徐晨阳博士拥有美国约翰斯·霍普金斯大学电子与计算机工程系硕士和博士学位，中国科学技术大学学士学位。

还有一位是陈立峰先生。当年他在美国大学毕业了之后,创办了一家企业,是由美国红杉投资的华人创办的企业。公司后来在美国上市,之后他退出了公司。现在他担任多家知名风险投资基金的顾问,同时也是北美华源科学技术协会的主席。华源科学技术协会是硅谷华人群体最有影响力的组织,已经有 20 多年的历史,非常多的杰出华人担任过华源科学技术协会主席,比如前百度 CEO 陆奇、北极光创始人邓峰等,当年马云认识杨致远,就是在华源科学技术协会的年会上。

业务生态体系

从创始团队构成来看,我们本身也带着科技、创业和投资的基因,所以我们硅谷未来学院,除了课程体系之外,还有一个完整的未来生态业务。在生态业务板块,我们细分了三个领域。

第一个领域是企业创新加速。这一部分我们主要针对有一定业务规模但又在转型上升期的企业及上市公司,协助他们构建面向未来的创新业务生态。比如,一些企业想在硅谷建立创新中心,或是寻找创新性的人才,寻找创新项目的投资机会。针对这样的需求,学院团队可以基于丰富的经验,帮助这类企业在硅谷建立快速切入点。

第二个领域是企业成长教练。所有的创新者在创业过程中都需要陪练,而且不同阶段需要不同的人帮助他一起往前走。针对这样的需求,学院通过 CEO 导师制度为创业者提出针对性指导建议,也可以通过打磨商业模式、对接风投资本、开拓市场资源这些方式来帮助创业者获得快速成长。我个人的背景是在中国和亚太,徐晨阳博士在欧洲也有非常好的资源和经验,所以我们在帮助本地公司全球化方面也非常有经验。学院整个师资池的力量也可以提供对接和帮助更多的公司。

第三个领域是我们的基金明道未来资本。我们主要依托未来学院的网络,在硅谷布局优质基金和创新项目。明道未来资本到目前为止也取得了很不错的成绩。

未来学院的生态以企业家深度课程作为建立连接的开始,然后再转化一部分适合进入我们生态服务的合作伙伴,来建立进一步的合作。

创业模式与竞争优势

未来学院从 2016 年成立到现在,已经接待了逾千名国内顶尖企业家,和多所顶尖商学院建立了合作,获得了合作师资和企业家学员的一致好评。

我们的口碑与竞争优势来源于我们的课程质量和生态体系。硅谷也有一些游学的公司，但他们不够深入，很多从旅行社转型，没有体系化的主题，也无法深入到投资和产融结合的领域。而未来学院有自身的生态体系，与斯坦福和伯克利大学等有紧密合作，与整个硅谷的大企业创新生态、独角兽和创业企业生态，以及顶尖投资机构等都有广泛合作与链接。

我们从学术界、产业界、投资界三个不同纬度打造了一套非常适合企业家的大师课程体系。作为一个高层管理教育加服务机构，这是一个很小的市场，我们也没有过多对外推广和宣传，但我们在这个领域口碑是非常好的，大部分机构都知道我们了。

硅谷创业感悟与展望

在硅谷的创业是各种因素作用下的必然结果。作为一个创业者，我希望做一些有意义、有价值，而且自己擅长的事情。

从自身的背景上来看，我曾任职于中国头部的两家企业，去尝试探索它们国际化和全球化的道路。除此之外，我也通过几年的创业从无到有地把一个公司做到有上百个人的规模。从文化和专业度上面，我可以和顶尖的投资人和创始人深入交流。地域上，我对整个亚太市场非常了解，同时我在美国学习和工作了一段时间，对美国文化也同样知晓，算是有一个比较难得的跨境背景。

还有两边企业家圈层。因为在长江商学院和伯克利哈斯商学院两所非常顶尖的商学院读书，也从事和组织一些企业家社群的志愿者工作和活动，担任了长江商学院校友会理事、华源科学技术协会的联席主席等，这些学习和工作经历也让我跟两边的企业家及投资人圈层有很多连接和互动，同时也让我更深刻地理解了企业家社群的需求。

此外，我也赶上了华人在硅谷创业的较好时机。十年前，外来创业者在美国很难进入主战场，尤其是在作为全球技术高地的硅谷，更难。这次我再搬回到硅谷的时候，发现华人已经慢慢登上科技创新和科技创投的舞台。在过去几年的时间里，我们创建了硅谷未来学院并取得了一定的成果。在未来，我们也会更加倾力打造这个汇聚商业和前沿思想的国际平台，让企业家之间的影响力与正能量叠加累积，为世界带来更多积极的改变。

我们能从创业复盘中学到什么

看完 13 家创业企业的创始人口述记录，我们能够身临其境地感受到创业者们所经历的惊涛骇浪，他们所拥有的强大内心，所经历的点点喜怒哀乐。我们也应该从创业复盘中学到些什么。

【我们能从创业活动中学到什么】

本书中13家创业企业分别处于创业周期的某个阶段，也有经历过各个阶段的企业，如PPTV、海豚浏览器等。以PPTV为例，根据高松等对科技型中小企业生命周期的划分方法(见表3)①，PPTV在2004年的发展状况符合种子期特征，当时处于产品研发期，仅是在校内网发布PPLive看球软件，暂未盈利。2005年，PPTV正式注册公司，为电视台做网络直播系统的网络技术实施和开发以及相关维护，年收入一两百万元。PPTV注册时间虽短，但实现单一产品结构和初步销售增长总体符合初创期特征。2006年至2010年，PPTV用户规模过亿，年收入超过3000万元，销售额增长速度在100%以上，形成以网络视频广告服务为主相关产品多元化的产品结构，符合高新技术企业发展期特征。2011年及以后，PPTV历经7年成长，产品结构多元化，销售额增长率稳定在10%以上，另外，其企业规模、组织结构、员工人数、市场占有率等方面符合企业成熟期特征。具体如图5所示。

表3 科技型中小企业生命周期划分方法

生命周期阶段	注册年限	销售额增长率	产品结构
种子期	0～2年	0%以下～10%	单一产品或单一产品系列
初创期	3～5年，少数企业3年以下	0%～30%	单一产品系列或形成主导产品
发展期	5～8年	10%～100%以上	形成主导产品或相关产品多元化
成熟期	8～10年，少数企业5～8年	10%～50%	相关产品多元化

如本书开篇所述，分析创业活动有不同的框架。以Timmons创业要素模型为例(见图4)，商机、资源和创业团队三要素构成一个倒立的三角形。创业团队位于三角形的底部。创业初创期，商机巨大而资源短缺，三角形将向左边倾斜；当企业成长过程中获得更多的资源，而商机可能变得相对有限时，三角形开始向右边倾斜，创业团队需要探索新的商机，不断进行调整以维持各要素之间的平衡。②

① 高松，刘建国，王莹，等. 科技型中小企业生命周期划分标准定量化研究——基于上海市科技型中小企业的实证分析[J]. 科学管理研究，2011，29(2)：107-111.

② TIMMONS J A. New Venture Creation[M]. Singapore：McGraw-Hill，1999.

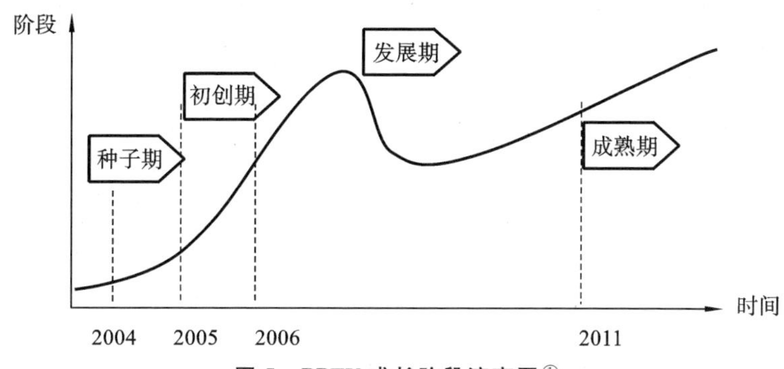

图 5 PPTV 成长阶段演变图①

仍以 PPTV 为例，它在种子期及初创期创业三要素极不平衡，虽然面临着巨大的商机，但各类资源稀缺。公司在该阶段没有建立与商机匹配的商业模式，团队力量不足，市场运营意识薄弱，资源向技术研发端严重倾斜，仅依靠单一的 B2B 技术服务和维护获取少量收入，不确定因素较多。

为扭转种子期和初创期创业要素极不平衡的状态，PPTV 在发展前期开始转变商业模式，从技术型公司向网络视频公司转型，以广告收入作为主要盈利模式。在 PPTV 发展期前期(2006 年到 2008 年第三季度)，公司融资金额达到 2600 万美元，借助资本力量开始大力充实技术团队和市场团队，搭建职业经理人领导团队，也能够优先获取网络视听牌照及许可证明，建立法律优势。同时，PPTV 开启正版化战略，整合视频产业链上下游资源，加强与光线传媒、东方宽频等传媒公司的战略合作，扩展内容资源，投入巨资购买版权。PPTV 的战略变革使创业要素逐渐趋于平衡，创业进入高速发展轨道。

PPTV 发展后期，三要素失衡状态加剧。在 2008 年第三季度到 2010 年，公司出现决策失误。因创始团队在金融危机到来时缺乏危机意识，公司进入资本寒冬，大规模裁员，市场留存和扩张能力明显减弱，营收下滑，被竞争对手超越。在资源有限的情况下，PPTV 依然推进正版化，购得国内四大名著等影视剧播放版权，购买南非世界杯、英超直播独家版权，巩固体育内容优势。同时 PPTV 开始探索自制内容，并在自制赛事直播节目领域初获成功。该阶段，PPTV 推出 Web 网页端产品服务，调整合伙人团队，更改品牌名称，战略定位为具有媒体属性的网络电视。尽管 PPTV 不断完善商业计划，但难以弥补因资金短缺造成的连锁反应，痛失巨大商机和市场，加剧了创业要素失衡的状态，风险增加。

---

① 骆锦岩. 基于 Timmons 创业过程模型的 PPTV 公司案例研究[D]. 武汉：华中科技大学，2018.

进入成熟期后，三要素再次趋向平衡。互联网视频市场空间依然巨大，但商机潜力因行业整合寡头初现而减弱。该阶段 PPTV 获得重要风险投资，资源端由于资本输入而迅速充裕，加速开启新的商业计划和战略实施，包括完善组织结构，扩大团队规模，注入新鲜力量；组建云计算研发中心，持续技术创新，并开发二代直播技术，始终保持技术壁垒优势；推出核聚变战略和内容运营战略。

再综合其他 12 家企业案例，可以得到创业三要素的如下特征。

(1) 商机驱动企业寻求要素平衡

创业过程三要素不会达到绝对的平衡，但创业团队以机会为导向，识别机会，确认机会，通过制定和实施一系列商业计划和战略规划来获取资源，整合资源，分配资源，不断寻求商机和资源的平衡。以 PPTV 为例，创始人发现视频直播的商机后，开始整合，获取资源，吸纳少量资金，组建团队进行技术研发，并凭借技术的独创性打开市场。巨大的商机驱动着 PPTV 创业团队引进风险投资，扩建团队，革新技术，购买海量内容版权等，一系列商业计划的实施促使资源端和商机端逐渐趋于平衡。当新的商机显现，创业团队开始调配资源进行新的技术研发，抢占新兴市场空间。如移动端市场兴起引发 PPTV“一云多端”战略部署，聚集资源进行移动端技术研发和商务合作。综上，商机是创业过程的核心，驱动着创业团队反复匹配要素间的平衡。

(2) 创业要素在企业不同发展阶段处于不同的状态

创业是一个持续渐进的过程，创业要素在企业成长的不同阶段发生着动态变化，并呈现出特有的规律。企业处于种子期和初创期时，三要素极不平衡，一般情况是倒三角模型向商机端倾斜；企业进入发展期时，三要素的平衡状态不稳定。政策、技术、市场环境及行业竞争格局等变动较为频繁，对商机和资源端产生巨大影响，增加创业团队商业决策的风险性和三要素的不稳定性，如 2008 年金融危机造成 PPTV 融资计划搁浅，资金匮乏引发人力、内容等资源短缺，加剧资源端与商机端的不平衡状态；企业进入成熟期时，三要素趋于平衡且波动较小。由于资源充足、商业模式成熟、组织结构完善、政策环境规范化等有利因素，企业抗风险能力增强，发展状态较稳定。此时，市场格局基本形成，市场空间巨大但增长放缓，原有商机潜力较发展期减弱。丰富的资源端与趋缓的商机端形成较为平衡的状态且波动减弱。

(3) 创业要素趋向平衡有利于企业稳健发展

企业在创业过程中不断进行三要素的匹配，寻求要素平衡，可促进企业及时弥补漏洞、获取良机，推动企业稳健发展。PPTV 在发展期前期，商机巨大而资源短缺，PPTV 逐步弥补资源端劣势，使创业要素向平衡状态过渡，收入增长率和用户覆盖率迅速提高。PPTV 在发展后期，遭遇资金短缺危机，资源匮乏，与日渐扩张的商机形成巨大反差，创业要素极度失衡。该状况下，PPTV 收入增长率和用户覆盖率下降趋势明显，市场占有率萎缩。在成熟期，PPTV 引入重要融资，大量购买版权，促使创业三要素趋向平衡，市场规模进一步扩大。

【我们能从创业者身上学到什么】

虽然在创业研究领域有部分学者不赞成创业者具有相似特质的观点，但本书作者团队还是曾经跟踪研究了2015年“福布斯中国30位30岁以下创业者”榜单，对30位创业者的创业胜任力特征进行了归纳分析，得到图6所示的结果。[①] 胜任力特征归纳为六类：知识方面，拥有较广或较深的专业性知识及来自创新或创业经历的经验性知识；技能方面，具备商机挖掘、资源统筹、团队建设、项目创新等能力；社会角色方面，表现出责任感、敬业、务实、合作等特征；自我概念方面，反映出自信、独立等特点；动机方面，展示出生存、成就、权力、利他等动机；特质方面，具有好奇、独立思考、追求完美等创新特质和冒险、意志坚定、吃苦耐劳等创业特质。

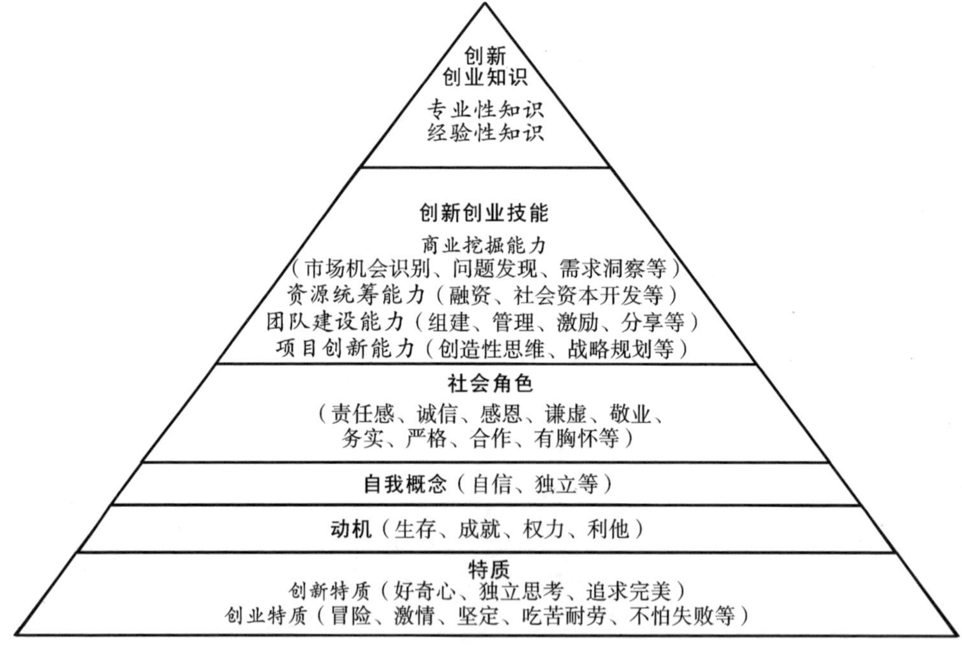

图6 创新创业初期成功者的胜任力特征

从本书创业者的口述内容中可以看出，上述特质能够在他们身上得到部分印证。

---

① 戴鑫，覃巧用，杨雪，等. 创新创业初期成功者的胜任力特征及影响因素——基于2015年“福布斯中国30位30岁以下创业者”的分析[J]. 教育研究，2016(12)：89-96.

（1）吃苦耐劳

例如，PPTV 创始人姚欣谈及无论自己的创业团队还是作为投资对象的“华科系”团队，多次提到踏实肯干。创业伊始，PPTV 团队成员每天工作 14 小时，日均休息仅 5 小时左右，经常在公司打地铺，连夜突击搞研发。PPTV 投资人——软银合伙人宋安澜告诉媒体，当时在华中科技大学后面半山腰的民房里，他看到一派凌乱景象：十几平方米的屋子里堆着七八台电脑和四张床，所有团队成员都光着膀子，神情专注地盯着电脑搞研发，不停闪动的屏幕旁还躺着一个人——熬了通宵的程序设计员。阿博茨的杨永智和余宙，当年在联创团队的时候在民房里熬夜苦战也是常态。

（2）不怕失败

例如，Ping＋＋创始人金亦冶，承认自己是在不断犯错中学习的，创业过程中做了很多错误决定，比如说用错人、开发错产品、投入错的市场，但没有这些错误也不会进步。PPTV 的姚欣也说自己掉进去过很多“坑”又爬了出来。

（3）善于学习

例如，诸葛 io 的创始人孔淼，之前一直做技术，但在创业中却做的是大数据与数字化营销服务，这源于他对营销的前沿学习与快速应用。七麦科技的创始人徐欢，本科学的是国际经济与贸易专业，但从事的却是移动大数据咨询服务，她谈到技术的逻辑清晰程度已经远超过业内高级工程师，原因就是她具有很强的快速学习与领悟能力。

（4）强大耐挫

例如，诸葛 io 的创始人孔淼，一个 20 多岁的 CEO，一次又一次地被投资人拒绝，但总是不怕挫折，再继续敲开下一家的门。其他创业者也都提到了承受挫折的能力的问题。

（5）需求洞察

例如，房多多的李建成发现了传统房地产交易中介中的黑洞和消费痛点，决定与合伙人一起用互联网来解决。卷皮网的夏里峰和黄承松发现了城市草根的巨大需求空间。极豆车联网的汪奕菲和王闻宇发现了智能车联网的未来趋势和关键需求。齿轮易创的宋师伟发现了中小企业的 IT 困境，瞄准提升效率和降低成本两个关键需求展开咨询与服务。粉丝网的刘超发现了明星和粉丝之间的微妙需求，从而重新设计业务模式获得成功。

（6）规划能力

这种能力很大程度体现在对赛道的选择上。例如，阿博茨的杨永智和余宙，发现了互联网＋传统实业的很多商机，但经过权衡，决定放弃互联网＋保险，转而进入为证券行业头部企业提供 AI 服务的赛道，迅速抢占先机。

(7) 责任感

例如，极目智能的程建伟，创业定位于智能驾驶领域的国产替代。谦益农业的李明攀，之所以进入生态农业领域，是因为对国人食品健康问题的关注。硅谷未来学院的程曦为中国创新创业力量提供国际支持。房多多的李建成希望通过互联网手段，解决传统房地产中介对消费者和房东的欺骗与伤害问题。

值得注意的是，本书作者团队曾经对每一位创业校友进行过心理测试，结果大相径庭，可也发现了一致的特点，就是每位创业者都承认自己的性格在创业过程发生了较大的变化，说明创业真的是革新的大熔炉。

【华科系校友创业的逆风险特征】

创业学者 Bruyat 和 Julien 根据创业者个体和价值的改变程度，将创业活动分为四类：第一，复制型创业，指创业过程中个体改变和新价值创造都比较少的创业；第二，稳定型创业，指创业者个体改变少，但新价值创造多的创业；第三，模仿型创业，指创业过程中新价值创造少，但个体改变多的创业；第四，风险型创业，指个体改变多，并且新价值创造也比较多的创业。①

对照两位学者的分类，本书收录的华科系校友创业，基本属于第四类。可以看出他们的创业集中在高新技术领域（如互联网、人工智能、大数据、车联网等）或者挑战性比较大的生态领域，风险和困难较大。

高新技术领域创业的高风险原因主要有：市场需求把握的模糊性，商机识别的误判性，创业资源匮乏或不匹配性，创业团队的非胜任性（团队成员能力不足、结构不当、协调不利等），商业计划的草率性，产品提供的滞后性，技术开发的复杂性，服务提供的落差性，市场竞争的激烈性等。

本书收录的华科系创业企业在应付上述高风险因素方面有着某些共性行为特征，例如：①在需求把握方面，能够从人的基本需求出发来做最基础的创业（如谦益农业），要看到真实的需求规模之后再来互联网化、科技化（如房多多、卷皮网、粉丝网），或者为企业家提供创新生态服务、为创业者提供创业服务（如硅谷未来学院）。②在商机洞察方面，创业之初便站在巨人的肩膀上看远方，解决行业领导者的痛点（如阿博茨、诸葛云游），顺着客户行业的领导者发展战略来寻找商机（如极豆车联网、Ping＋＋）。③在产品开发的技术路线方面，顺应国际行业趋势来做技术开发和产品研制（如极豆车联网），不轻易超前市场需求或行业前沿技术太多，甚至选择国产替代的模式来开发新产品以避免需求风险（如极目智能），或者采用最小系统的方式快速迭代产品来测试市场（如极目智能）。④在产品及服务依托的营销平台方面，选择讲公平竞争、讲国际规范的平台来创业（如七麦科技）。⑤在市场竞争方面，不要跟头部企业争夺 20％的行业重点客户，而是避开锋芒解决 80％的中小客户问题（如齿轮易创）。⑥在创业团队方面，初期采用同学组合模式启动创业，中期根据业务进入领域导入行业专家但不迷信专家（如卷皮网、极豆车联网、PPTV）。⑦在

---

① BRUYAT C, JULIEN P. Defining the Field of Research in Entrepreneurship[J]. Journal of Business Venturing, 2001, 16(2): 165-180.

环境适应方面，要善于快速学习，建立私人董事会，预防掉进“坑”里等（如PPTV）。⑧在创业企业发展方面，都是在建立了相对良性的商业模式的基础上再进行扩展发展，而不是一哄而上、一挫即垮的路径。⑨在创业融资方面，总是先有打动人的干货（盈利或盈利的可行性）以后再来融资。⑩在创业作风方面，严谨务实，脚踏实地。

上述创业的共同特征是：所在行业虽然是高风险的行业，但创业的行为和结果相对来说并没有太高的风险。原因可能在于：创业者对创业风险提前有了较充分的认知，创业起步从零风险或低风险台阶开始，创业过程中始终动态洞察环境变化与客户需求规律，选择最低风险创业路径，建立小步快跑的研发模式，积极迭代，在项目或企业发展的转折点基本没有发生较大的决策失误，通过建立良性运营模式保证现金流稳定可持续。

本书作者团队把具备上述特征的创业活动称为逆风险创业，即在高风险的行业通过积极的努力来实现无风险或低风险创业。

（1）逆风险创业与低风险创业的辨析

创业一般都是有风险的，就业型创业一般发生在低风险行业，创新型创业一般发生在高风险行业。低风险创业具有两层意思，一是选择低风险行业来创业[①]，二是在高风险行业设法规避风险来创业[②]。本文所提出的逆风险创业特指在高风险行业，通过主动努力识别、对冲、降低风险来实现较高成功率的创业。

（2）逆风险创业与轻资产创业的辨析

轻资产创业是与重资产创业相对的概念[③]，后者指启动项目或公司伊始就进行大规模的土地购买、厂房建造、设备购买等固定资金投入的创业，前者包括创意型、自媒体型、营销型、知识产权型、服务型等投入启动资金（金融）相对较少的创业活动。逆风险创业则不简单局限于资金风险，更多强调主动追求综合风险的降低。

（3）逆风险创业与精益创业的辨析

精益创业是软件行业的敏捷开发模式的一种延续，包括最小可用品、原型建模、客户反馈、快速迭代等工具。[④] 逆风险创业与精益创业之间既有交叉也有不同，两者在工具方面有一定相似性，但前者更强调在高风险行业中的主动

---

① 施有朋．轻创业：低成本打造小而美公司[M]．北京：台海出版社，2019．

② 樊登．低风险创业[M]．北京：人民邮电出版社，2019．

③ 蔡余杰．轻资产创业：把企业做轻，把价值做大[M]．广州：广东经济出版社，2017．

④ 埃里克·莱斯．精益创业[M]．北京：中信出版社，2012．

低风险创业模式，后者对行业并没有特别强调。

综上所述，逆风险创业是在高风险行业中创业的一种特殊模式，该模式旨在通过积极的努力对商业洞察、资源配置、创业团队、商业计划等创业各要素和产品开发、市场营销、融资拓展等创业不同阶段的风险进行主动识别、积极预防与科学转化，实现无风险或低风险创业。

【华科系校友如何看待逆风险创业】

粉丝网刘超认为，粉丝网是看到真实需求规模之后再进行互联网化的平台企业。所以它的模式是：深度挖掘现有需求并反向解构群体特征，利用互联网技术提供全方位更为准确的体验服务。粉丝网自创业之初就伴随着风险，每一位粉丝都是一个独立的个体，想要管理好这个庞大的群体是非常有挑战性的事情。对于粉丝网来说，管理运营这个特殊群体的风险性要高于其他，而且从某种程度上来讲，这个群体的可控性较低，管理难度较高。如果尝试用逆风险创业的观点来解说粉丝网的创业之路，可以说粉丝网在开始创立时，从最重要的部分，也就是风险相对较高的部分入手，将重心放在了对粉丝需求的分析上。通过大数据反向分析粉丝的个体需求，粉丝团成团之后的特点和特征。把这些问题点都一一搞清楚了，运营就更得心应手一些。

房多多联合创始人李建成认为，房多多创业之初就是看到交易环节中信息不对称、经纪人效率低的困境，想要运用互联网来改变从业者的效率。创业一开始非常艰难，但凭借对市场趋势的准确把握，以及对房产交易市场的独特见解，房多多形成了独特赋能经纪人的商业模式，成为了房产交易领域产业互联网的造风者。

七麦科技创始人徐欢认为，七麦所在的行业是高风险行业，用户增长推广行业的竞争非常激烈，并且严格以效果与品质为导向。公司通过主动创新，用数据赋能增长，让投放决策更可控且有效。公司是一家慢中有快的公司，团队以客户至上，小步快跑，积极拼搏，最终活下来、拼出来。七麦可以说是逆风险创业的典型代表。

极目智能创始人程建伟认为，华科系校友创业之所以生生不息，核心原因是工科专业的密集设置和学科强势，培育了大量在一线的科技工作者，包括电子、电信、计算机、自动化等这些年处于创业风口的专业，而技术人才又在最前沿，多数因素综合，产生更高的创业比例和数量。华科系校友的创业不同于小商小贩的低成本运营，也不同于重资产的大开大合，更多的是通过技术小团队，叠加商业模式，撬动社会资源、市场资源、资本资源，实现小公司到成熟公司的蜕变。对于极目智能来说，创业发展是内在小环境和外部大环境的化学反应。小环境角度，创始人本身从事 IT，并且有创业热情和意识。外部大环境角度，就是武汉“光谷”和“车都”交相呼应，汽车智能化是近五年发起的大趋势。风险层面，创始人从开始的时候就做好了创业一定会面临风险，包括资金风险、团队风险、经营风险等的准备。过程当中创业团队会采取小步快跑、快速迭代等方式来规避风险，总体符合逆风险创业特征。

谦益农业创始人李明攀认为，逆风险创业可以理解为对创业未来的进程提前仿真或者预测，从而发现前面的制约因素或者陷阱，在创业过程中提前规避。谦益农业的创业进程是符合这一逻辑的。

需要说明的是，虽然华科系校友的创业呈现逆风险特征，但不能由此就说逆风险创业只能是华科系校友才能做的。正如姚欣在另外一次访谈中所言，华科创业校友比较多地集中在互联网领域，所以在这个领域中相对知名的会多一些，被媒体曝光的概率也会更高一些，逆风险创业的特征会表现出来的机会更多一些。但这不代表国内其他一些院校的创业者在此方面做得不好。当然，华中科技大学历来有工程师文化（匠人文化）与人文素质教育融合的传统，为校友后来的技术创业提供了比较好的启蒙，所以也诞生了以张小龙为代表的一大批优秀的、综合素质全面的产品经理，正好适应了这个时代的创新创业需求。